弁護士道の実践

―法の支配による平和・人の幸せを求めて―

鈴木繁次［著］

発行　民事法研究会

著者近影

本書をこれまで育児・子育て・家事全般をとりしきってくれた妻紀子に捧げる。

はしがき――法による平和・人間の幸せを願い法曹生活四五余年・後輩・市民にいくばくかの参考となりしか

私がこのたび、回顧録的な本書を執筆する気持ちになった動機は、私なりに四五年余、働き盛りの時期には夜を徹して、とにかく法曹の仕事に邁進してきた経験を踏まえて、法曹を国民に身近に感じてもらい、司法の役割が大きいことを国民に知ってもらいたいとの一念からである。

私の法曹としての四五年余の大部分は仕事中心、仕事が趣味のような感覚で、子育て、家事一切は妻に任せて（妻には私の多忙なとき、たとえば、横浜国立大学の民法の講師をしていたときには、その授業の終了後、神奈川テレビでの一七時からの法律相談番組の出演のために、弁当をつくって横浜国立大学の正門に車で迎えにきてもらい、車の中で食事をして時間の節約をしたこともある）、働き盛りのときにはそれこそ土、日の休みもなく弁護士業務に励んできた。

また、私の人生観としてこれまでは過去を振り返らず絶えず前進あるのみで、生涯現役・生き生きパタン、を理想とし、弁護士としていくらかでも社会のお役に立てれば、との思いで生きてきた。ところが、昨年（二〇一一年）一月三一日、帰宅途中、事務所から歩いて約二～三分のところで、目の前が真っ暗になり意識を失い倒れた。すぐに意識は回復し、何とか帰宅できたものの、翌日、後頭部の髪の毛の間に血がにじんでおり、脳神経外科で診断してもらったところ、硬膜下血腫のあることが判明した。病そのものは、二〜三カ月で治癒し、ことなきを得たが、このことが契機となり、これまで私が歩んできた道を振り返り、法曹としての経験をまとめることは、これから法曹を志している方、現に法曹の道を歩んでおられる方、さらには一般市民——私が最も心を砕き、弁護士の敷居を低くしてその存在を身近に感じてもらえるよう努力した皆さん——にも、何らかのお役に立てるのではないかと思い立った。法曹としてまだまだ未熟なところが多いが、本書に記述したことが私のすべてであり、これからの余生にその改善を期待しても、その完成は不可能であり、また、法曹の道を究めることは終わりがないように思われることから、読者のご批判を期待してこの辺で世に送ることとした。

本書の執筆にあたっては、わかりやすい表現にすることを心がけ、そのうえで、①法曹たるものはその前にまず人間であるべきこと、②法律の大衆化（法律をわかりやすくして市民に説明するという意味。「私の造語」である）、③法曹としての仕事の目的——いかに市民生活の幸せに貢献するか、④法曹は今後どのような社会貢献が期待されているか、などといった内容をメッセージとして盛り込んだ。

私の法曹生活において一貫して脳裏を離れなかったことは、司法が国民の信頼を得、これを維持・継続するにはいかにしたらよいか、司法の容量を拡大するにはどうしたらよいか、国民と司法の最初の接点になる弁護士はどうあるべきか、「法の支配」による国民、人類の平和、幸せ（身近には家庭、広くは国全体、最終的には人類すなわち世界）の目的達成には弁護士としては何を、どのようにすべきか、にあった。

法曹になる者は最初は皆、人の役に立ちたいとの気持ちをもって法曹になる方が多いと思われるが、何十年か経つうちに初心を忘れ、私の考えている「弁護士道」から離れていく者も多いように感じる。私はキリスト教（プロテスタント）の信仰をもつ者（横浜市中区尾上町五丁目八五番地、日本基督教教団「横浜指路教会」会員）の末席に連なる者として、絶えず他人は見ていなくても天にいます神に見守られているとの意識をもち続けたことから「弁護士道」からそれずに今日までこられたことを神に感謝している。

今日の日本を含めた世界の諸状況を見渡すと、スポーツなどでは明るい、元気をもらえるニュースもある一方で、日本は、総生産高（ＧＤＰ）の二倍に相当する約一〇〇〇兆円の債務を抱え、財政再建が急務であり、その改善には、増税と経済成長（景気回復）を同時に達成しなければならない状況に追い込まれている。また、世界的には、ギリシャの金融危機に端を発したＥＵ諸国の経済の不安定、アメリカの所得格差の増大に伴う失業者の数が減少しないことによる国民の不安増大による欧米各国の地位・威信の低下、あるいはエジプトに端を発したアラブ諸国など独裁国の民衆蜂起による民主化に伴う国づくりが始まり、世界の先行きは不透明さを増し、グローバル化した社会のこれらの諸状況の改善は容易ではない。

このような時代に前期高齢者（七四歳）の一法曹に何ができるのか、今、私のおかれている立場を顧みると自分の無力さを痛感する。しかし、神に見守られながら、法律の大衆化に心を砕き、真剣に法曹の役割、責務を果たすべく努力してきた過程を振り返り、その評価は世論にまかせて総括することも意義あることではないか。本書の内容が少しでも、これから法曹を志す方や、一般市民の皆さんの心にとどまれば望外の幸せである。

本書の出版にあたっては、株式会社民事法研究会の安倍雄一氏、資料の収集や古い記録の整理などをしてくれた、私の事務所の野村敦子氏に多大なお世話になった。ここに厚くお礼申し上げます。

平成二四年五月二七日

元神奈川大学法科大学院教授・弁護士　鈴木繁次

目次

第一章　法曹を志した動機

一　心に競争相手をもて

私は、昭和一三年二月、福井県丹生郡清水町三留（現在は福井市三留町）の中農家の三男として生まれた。

物心がついてからの記憶では、生家では、父母よりは祖母が何かと家族や農作業を取り仕切っていて祖母の言うことに従っていた。祖母は記憶力がよく、メモをとらないことに子供ながらに感心していた。また、祖母は自分の子供も孫も区別せず同様に仕事をさせた。私はただ祖母の言いつけに従っていただけであるが、今考えると祖母には相当鍛えられたことに感謝している。ただ祖母の記憶力にすぐれていることのDNAは受け継いでいないように思われることが残念である。

私も、小学生の間は祖母の言いつけで農作業に従事し、祖母に気に入られるようによく働いたこともあり、近所の評判になっていたようである。

しかし、勉強はあまりしなかったので、クラスの中ではM君にはかなわなかった（ちなみにM君宅は田舎の特定郵便局であった）。

中学生になってからは祖母も、私が勉強することを認めてくれるようになり、この頃からM君が私の心の中で、勉強の競争相手になっていった。

高校（当時は乾徳高校といったが現在の福井商業高校）を卒業し、大学受験において、M君は大阪の国立大学に合格し、私は東京の私立大学に合格した。

この時将来の行く末について考えた。M君は将来、公務員になるか大企業に就職するであろう（現在の人事考課は、能力主義を採用しているところが多いと思われるが当時は学歴主義であり、M君の大学は有利である）。私は、当時法曹界へ最も人材を輩出していた（当時は、司法試験合格者が一〇年以上日本一であった）中央大学に入学したこともあって、自然と周囲の影響もあり法曹を志すことにした。

結果的にM君は大銀行に就職し、私は法曹界に入った（もっとも、M君はしばらくして銀行を退職し、家業を継いだものの病気に罹り、その後の人生において私とM君との競争はなくなってしまった）。

二　司法試験の受験勉強

ここで司法試験の受験勉強についてひとこと述べておきたい。

まずは基本書の熟読が何より必要である。それと並行して二〜三人の友人と定期的に議論することが有効であると考えている。「読書百遍意自ずから通ず」で、基本書を熟読する回数を重ねるごとに理解が深まっていく。友人との議論は、刺激を受けること、そして自分一人では気がつかなかった点に気づき、より法律の理解が深まること、そして受験勉強で疲れた時には、気分転換の役割を果たしてくれる。

私は一回目の受験の時は、短答式試験まで、二回目は論文式試験まで、三回目に口述試験までと、合格までに三回かかった。二回目に受験した際には、口述試験に失敗し、大変ショックであった。今振り返れば、得意としていた刑法で失敗したように思う。口述試験に一度失敗すると、次年度は短答式試験と論文式試験は免除されるものの、再び失敗するとの噂があったので、私は、三回目の受験も短答式試験から受験し、すべて合格した。

三回目の受験勉強は基本書以外の、たとえば民法では我妻栄先生の『近代法における債権の優越的地位』（有斐閣・昭和二八年）（本書は、我妻先生の「資本主義の発達に伴う私法の変遷」をテーマとするライフワークの一環の論文集で、やはり我妻先生の民法講義と併読すると、先生の私法に対する基本的考え方が理解できた）や、刑法では小野清一郎先生の『犯罪構成要件の理論』（有斐閣・昭和二八年）（小野先生は仏教に造詣が深く、刑法上の行為を人間の業を根底に論じておられたのが、当時哲学思考に関心の強かった私の心をとらえ、印象深かった）などを読んで、それぞれの先生の専門分野の法律に対する基本的な考えをうかがい知ることができ、非常に感激したことを記憶している。私は三回目の受験勉強で最も実力がついたように思い、その後の法的思考の基礎を涵養できたと考えている。

したがって、口述試験に落ちて一年合格が遅れたことが、かえってその後の法律の勉強の質を深めることができたと思い、自分を慰めている。司法試験の合格は法曹の門出にすぎない。その後の人生のほうが長く、その人生においていかに実力のついた法曹になれるかのほうが重要ではなかろうか。

余談になるが、前記我妻先生の『近代法における債権の優越的地位』の講義を受けた学生が、司法試験に合格したものの銀行に就職し、役職を経て退職した後、弁護士になるため司法修習生（当時七〇歳）として、平成一一年頃、私の事務所に配属になったことがあった。銀行に就職した理由を聞いたところ、上記我妻先生の講義の影響であったことを知った。同先生の講義の影響の大きさをあらためて痛感した。

三　法曹の魅力

Ｍ君が実業界へ進んだのに対抗する形で法曹界に入ったように思われるかもしれないが、私は、法曹界に対し、次の魅力を感じて、法曹を志した。

第一に、日本は、民主国家であるから、何が正しいかは、多数決原理に基づき、多数者の賛成することが正しいこととして決定していくことになる（もっとも最近では真の民主主義のあり方が問われているが）。しかし、多数者の意見ばかりが正しいとされては、少数者の権利は保障されず多数者の横暴となる。そういったことのないように、日本国憲法は、基本的人権を規定して少数者の人権擁護を図っている。それでは、いかなる権利が基本的人権に該当するか否かを誰が判断するのか。それは、三権分立主義を採用する日本では、司法が違憲立法審査権を行使して決めることになっている。この点は法曹には説明を要しないことであろう。もし、この権利が適法に行使されれば、三権分立の中でも司法の優位性が保たれる。私が当時法曹界に入ることを決定づけた最大の要因はここにあった。しかし、最高裁判所は、昭和五六年一二月一六日の「大阪国際空港公害訴訟上告審大法廷判決」に象徴されるように、司法消極主義に立っていると思われる（一般的にもこのように理解されているのではなかろうか）。このことは、大変残念に思っている。

第二に、私は裁判官になりたかった。私は人と争うことは好まず好戦的な性格ではなかったことと、法律を勉強することは嫌いではなく、公平、無私、中立であるべき裁判官に憧れたのである。また、心酔していた、東京大学教授として商法を研究され、その後最高裁判所長官、国際司法裁判所判事をもなされた田中耕太郎先生の『法と宗教と社会生活〔増補版〕』（昭和三二年・春秋社）を読み、同じ信仰（田中先生はカソリックであるが）をもつ偉大な法律学者の日常生活にふれた思いを抱いたことも大きい。しかも『世界法の理論』（昭和七〜九年・岩波書店）を発表し（この点は後述する）、法律による人類の統一をめざそうとしたスケールの大きさに感激したからである。

四　法曹界はすべての人に門戸が開かれている

前項のように魅力ある法曹界へは、年齢等の制限はなく、必ずしも法科大学院を修了しなくても入ることができる。司法試験予備試験に合格すると、法科大学院課程の修了者と同等の資格が与えられ、司法試験を受験できるのである。

諸般の事情により、法科大学院へ入学できなかった者でも司法試験予備試験に合格すれば司法試験の受験資格が与えられるので、法曹界への扉は従来と同様すべての人に開かれている。法曹界では多様な人材（たとえば、理科系出身で技術肌の人など）を求めているので、法曹界での活躍を望む者は、人生あきらめることなく努力し、自らが希望する道を歩むことを期待したい。

（格言・名言）

人の一生は重き荷を負うて遠き道を行くが如し

徳川家康

第二章　裁判官に任官

一　裁判官の道へ

私が法曹に中で最もなりたかったのは、第一章でもふれたが、裁判官であった。

昭和四一年四月青雲の志をもって秋田地方裁判所へ赴任した。

裁判所内の雰囲気は全く自由であり、裁判官として最初の三年間は、左陪席として三人の合議事件に加わわった。主任として口頭弁論が終結したら、まず合議して判決書を起案し、裁判長の添削を受ける。判決の起案から添削に至るまで三人で自由にお互い意見を述べ合い、時には激論もするなど納得したうえで判決をした。新任の判事補だからといって遠慮はいらなかった。


秋田地方裁判所には三年いたが、民事事件と刑事事件を半々ずつ担当した。

また、新任判事補でも単独でできる民事保全事件（仮差押・仮処分）などは、自分ひとりの判断で処理したことから、裁判官になりたての頃は、私の印鑑だけで事件が進行していることに、ある種の感動を覚えた。

二　裁判する心

裁判官は、「その良心に従い独立してその職権を行い、憲法および法律のみに拘束される」（憲法七六条三項）。裁判する時は頼れるのは自分ひとりであり、中立・公平・無私の心で判断し、訴訟当事者に接するときも（和解のときなど）このような態度が当事者に伝わることが重要である。このことは、まさに私自身が裁判官であったときに実感した。と同時に、裁判は国民の納得と信頼を得なければならない。そのためには、公正であるとともに公正らしさが必要である。特定の思想、信条を有すると外部から特別視されるような団体に所属することは遠慮すべきであろう。私が任官した頃は、「青年法律家協会」が左翼系のように思われ問題になった。私は全く問題のない勉強熱心な団体であると思ったが、嫌疑がかけられたのであれば、裁判の「公正らしさ」を担保するために退会した。

また、いくつもの裁判を経験して、裁判で問題になるのは法律解釈よりは事実認定の問題のほうが多いという印象をもった。後者の場合は特に証人の証言、あるいは、原告、被告当事者本人の供述の信憑性の判断を慎重にすべきことになるが、提出された書証（書面の証拠）に照らして、それら証言、供述の信憑性を判断することは、あまり困難ではなかったと記憶している。

書面を丹念に読み込み、証人や当事者本人の供述を真剣に聞くことが、裁判官としての基本であろう。このことに専念していれば、裁判で敗訴した関係者から裁判所批判が出ても全く気にする必要はない。

三　名古屋家庭裁判所への転勤

裁判官は原則として三年で転勤することが慣例になっている。

私もその例に倣って昭和四四年四月に名古屋家庭裁判所に転勤になった。

名古屋家庭裁判所では少年事件（刑事）を担当した。少年鑑別所の鑑別の結果、調査官の意見を参考にしながら自らの価値観に従って即日処分を言い渡し、お説教を加えることにしていた。

少年は人格形成の途上にあり、可塑性があるので将来更生の可能性があるとして、重大事件や重大交通事故などの少年事件以外は刑罰にあたらない保護処分にとどめた。保護処分は「少年院送致」になっても、いわゆる「前科」にはならない。

少年の両横に両親を座らせ事情を聞くと、その少年の家庭がよくみえるように思われた。家庭教育の重要性を痛感したものである。

四　人生の一大転機

私は裁判官に憧れて法曹（裁判官、検察官、弁護士の三者をいう）になったが、転勤を機会に過去四年間の裁判官生活を顧みると、法律の勉強は嫌いではないし、裁判所の雰囲気も合っているものの、将来の転勤や、裁判官生活を考えると、もう少し人間くさい仕事を幅広くやること、たとえば、無料法律相談の大衆化（私の造語）、裁判にする前に話し合いで解決すること、破産、会社更生、和議（現在の民事再生）などの事件を処理することが、より国民の紛争解決に直接貢献できるのではないか、弁護士が事前に整理し、裁判しかないと判断して裁判所に持ち込まれた事件だけを処理するより仕事の幅が広いように思えてきた（ただ、最終判断をして判決を下す魅力は捨てがたいが）。

いろいろ考え、現在では後悔している面もあるが、名古屋高等裁判所長官、名古屋家庭裁判所長の慰留を断って裁判官を退官してしまった。当時の若気の至りで、裁判所に対してはいろいろ勉強させていただいたのに退官するとは誠に申し訳なく思い、その後は、恩返しとして、裁判所から依頼されることに対しては最大限協力してきたつもりである。

神は私の転職をどのようにお考えになっているか、仕事で困難に直面し、迷ったときにはいつも、神のお考えを思い返し救いを求めてきた。

第三章　弁護士登録

一　なぜ横浜弁護士会へ入会したか

私は昭和四五年四月横浜弁護士会に入会した。

なぜ横浜弁護士会なのか。弁護士の仕事の将来性を考えると、まず東京での開業を考えるが、有力弁護士事務所へのコネもなく、最初から独立する気持ちであったことから、東京は漠として広く、横浜は叔父が商売（家具問屋）をしていたので、その関係で人脈を広げられるであろうと期待し、横浜で開業することとしたのである。

二　当時の横浜の世相

昭和四五年頃は、全国的には、水俣病あるいは工業地帯の工場の煙突から出る亜硫酸ガスとか窒素酸化物の混合した噴煙による大気汚染により喘息に罹患した人、自動車の排気ガスなどの公害問題と、モータリゼーションの始まりに伴う自動車等の交通事故による損害賠償訴訟が多かった。いわゆる四大公害訴訟（イタイイタイ病訴訟、新潟水俣病訴訟、四日市公害訴訟、熊本水俣病訴訟）がはなやかりし頃であった。

私は、これらの公害問題は資本主義社会において、企業が成長する過程で儲けのカスみたいに発生したもの、あるいは、企業の活動によって地域住民が被る環境災害であり、これを解決しなければ人間の真の幸せは訪れないと思っていた。しかし、弁護士に登録したばかりで、まず人間関係をつくりあげていくことを優先し、一〜二年はこれらのことに関しては様子をみていた。

当時、横浜弁護士会にも公害対策委員会が川崎の京浜工業地帯の公害問題の調査をしていたので、この委員会に入れていただいた。当時の川崎の大気汚染はすさまじく、東京へ行くのに当時開通していた首都高速道路を進み川崎に入ると、工場の煙突からの噴煙が風で首都高速道路に吹きつけ、自動車の窓を開けては走れない状態であった。私の「公害対策委員会」の活動については後に述べる（72頁以下）。

三　川崎公害訴訟とのお付き合い

横浜弁護士会の公害対策委員会で川崎公害の調査に参加した者の中から、自然と川崎公害訴訟の弁護団がつくられ、私も当然のようにこの弁護団に参加した。

大気汚染の公害訴訟は四日市での喘息の先例があるが、川崎の場合は、被告に国と民間の大企業と道路公団（自動車排気ガス）を相手にして、これら三者の共同不法行為が成立することを理由として、損害賠償請求した。そのため、これら三者間に共同不法行為が成立するとの法律構成と、喘息と大気汚染との因果関係を疫学的因果関係により証明するという法律問題に興味をもった。同時に資本主義社会が経済成長する陰で発生する負の遺産である公害問題を解決しなければ真の人間の幸せはないとの気持ちでこの訴訟に参加した。

この種訴訟には専門の弁護士がいて取り仕切り、私はついていくだけであったが、共同不法行為や因果関係など法律問題となると私の出番のように思え、自由に意見を交わすことができて勉強になった。

この訴訟の請求は、①差止め請求（工場の操業や自動車交通の差止め）、②損害賠償請求（喘息の治療費や精神的苦痛の慰謝料請求）であるが、そのうち後者のみ認められるのがこの種訴訟の一般的傾向であった。大気汚染による公害の被害者救済としては、昭和四七年の四日市喘息訴訟の勝訴判決を契機として、昭和四八年には被害救済の制度として「公害健康被害の補償等に関する法律」が制定され、訴訟に参加しなかった被害者も救済されてきている。この副次的効果は大きい。これが「政策形成型」訴訟と称されるゆえんである。「川崎公害訴訟」については後でもふれることにする（72頁以下）。

四　法律相談の大衆化

昭和四五年当時は自治体の無料法律相談はまだまだ広まっていなかったが、横浜市は昭和四〇年前後から始めていたようである。その無料法律相談には、弁護士登録後一年を経過している者が対応することとなっていた。ところが、私は四年の裁判官経験があったので、登録時から法律相談の担当を認められた。

弁護士登録時は個人の事件数も少なかったため、私は月一〜二回はこの法律相談を担当し、できるだけわかりやすく説明することをこの機会を通して訓練した。

横浜市本庁での法律相談は地の利もあって当時から法律相談者が多かった。人生相談や事件屋らしい人もいたがとにかく相談者数は多かった。予約制でないことから、すぐに順番待ちとなり、相談者も多かったことから短時間にいかに要領よく説明するかの訓練にもなった。

この横浜市の法律相談は、横浜市の特定の担当者（横浜市では女性で最初の管理職になったT女史）が特に熱心で、各相談日の担当弁護士との連携がうまく（時々昼食をともにしたりして担当弁護士の気心を把握し、スムーズに相談業務が進行するように心がけていた）、自治体の無料法律相談では模範的な役割を果たしていた。私も法律の大衆化を志していたことから、それを現実化するにはこうした法律相談の場が最も適していると思っていたので思いを込めて取り組んだ。

法律相談は、法律事務所における場合に限らず、どの場所においても一般市民が弁護士と接する初めての機会である。すなわち、最初に対応した弁護士をみて弁護士全体を判断することになりかねないのであるから、よく考え、配慮し、相談に応ずる必要がある。法律相談は、一個人の問題ではなく法曹界全体の評価にもつながるのである。

横浜市役所の無料法律相談は、横浜弁護士会の何十人かの弁護士で担当し、だんだん隆盛になっていった。横浜市では、少ない謝礼で市政に協力してもらっているとの認識があったのか、毎年一回一月末頃、無料法律相談担当弁護士に対する謝恩会を開いていただいた。横浜市の無料法律相談はこのように順調に推移し、私が参加するようになって一〇年が経過した昭和五五年が、横浜弁護士会創立一〇〇周年にあたり、その年は私が横浜弁護士会の副会長の一人（当時副会長は三名であった）として記念の諸行事を運営した。その際、上記T女史から横浜弁護士会一〇〇周年を機会に、年に何回かの無料法律相談を担当し、継続一〇年を迎えた弁護士を表彰したいとの申出を受けた。そこで私はT女史と二人で無料法律相談の開始（昭和四〇年頃と記憶しているが）から継続一〇年間（その間に一年も空白期間がないこと）担当した弁護士の割り出しにかかった。当時は、法律相談を担当した弁護士の記録がなかったことからかなり苦労したが、何とか人数を確定することができた。彼らには、毎年実施されてきた謝恩会において市長から表彰状が授与された。私もその中の一人である。この制度はその後も継続され私は三度（三〇年継続）表彰された。

その後後述するように法科大学院の教授に就任したことから継続できなかったが、この無料法律相談は、私が理念とした法律の大衆化の実現のために力を注いだ分野の一つである。

第四章　法曹である前に人間であれ――稲穂を思い起こせ

一　弁護士の倫理・道徳

弁護士の基本倫理は後記「弁護士職務基本規程」の第一章に、弁護士道徳については「日本弁護士連合会会則」の第二章に、弁護士道については「横浜弁護士会会則」の第二章にそれぞれ規定されている。弁護士はこれらの規則を遵守することは当然であるが、私が本章において特に重視し述べたいことは、弁護士の肩書を超えた後記二および三の裸の人間として守るべき倫理・道徳であり、後記五以下の明文化されたものは、これらを前提としているということである。さらに強調したいことは、弁護士も経験年数を経て、弁護士会等の役職などを経験すると、偉くなったように思い、頭が高くなりがちであるが、偉くなればなるほど人間が完成に近づくのであるから、稲が実れば実るほど垂れる「稲穂」のように、頭を低くして対人関係においては接したいということである（このことは弁護士に限らずいかなる業界においても共通していることであると思う）。

なお、弁護士は紛争事件として訴訟に関与するので、「争いごと」については武士は刀を道具とし、弁護士はペンを道具とするという違いはあるが、両者の倫理・道徳観は似ている点もあるように思われる。そこで、本章において「武士道」にも一瞥し、弁護倫理は重要であることから成文化されたものも掲げることとし、その中でも最重要な点においては本章以外でも詳述する。

二　法律相談など日常業務の姿勢

無料法律相談に行くのに決められた時間に遅刻するとか、一〇時の法廷に三〇分以上遅刻するなど、時間にルーズな弁護士がいるように思う。弁護士会から無料法律相談の時間には遅刻しないようにとか、ひどい場合になると日にちを間違えて欠席する場合もあるようである。私は几帳面な性格からか時間を守ることについては、特に注意してきたので、このようなことを聞くと弁護士全体がそのように思われないか、弁護士、弁護士会の信用を害することになりはしないか非常に気にかかる。時間を守らないことによって他の人が被る損害は大小さまざまであろう。いずれにしても弁護士資格を有する者が、しかも、法令を遵守する義務ある者が時間を守らない場合は、その弁護士の信用問題となる。

一〇時の法廷の三〇分後に次の予定を入れている場合、法廷に相手方弁護士が遅れてきて次の予定に間に合わなくなったことを経験された方は多いと思われる。私はそのような場合に備えて、前日に相手方弁護士に時間厳守のお願いをしておくことが多い。時間を厳守することは弁護士業務以前のことで人間として守るべき最低限のマナーであるから誰でも実行できることである。

三　依頼者との関係

依頼者との関係について、連携を密にすることを怠り、依頼者からの信頼を失う弁護士も多いように思う。

私は依頼者は神様であるくらいに思っていたほうがよいと思っている。依頼者は仕事を与えてくれた方であるから依頼者が不審を抱くようなことにならないように、受任した事件については直ちに解決に向けて着手し、その旨第一報として報告し、その後も順次進行状況を細かく報告するべきである。訴状については裁判所に提出する前に依頼者に眼を通してもらうことから始まり、相手方から提出された書面はすべてファクシミリ等で送付して意見を聞いたり、口頭弁論の期日報告はできるだけ詳細に書面ですることなど、怠らないようにすること。これらのことは弁護士だからするべきことというよりも、依頼を受けた者が一人の人間として当然すべき義務であろう。

依頼者は自分の事件だけを考えているのであるから、受任弁護士がどのようにして進行させ、解決してくれるかを毎日考えているといってもよい。したがって、それに合わせて絶えず情報を提供することが信頼関係を継続させるために必須である。

四　武士道

弁護士と武士とは似ている点が多いように思われることから、参考までに武士道の礼儀作法をみてみよう。

以下は、新渡戸稲造先生の名著『武士道』（新渡戸稲造全集第一巻一三頁以下）にほとんどをよっている。

武士道とは、字義的には武士がその職業においてまた日常生活において守るべき道を意味する。ひとことでいえば、「武士の掟」すなわち武人階級の身分に伴う義務である。これは明文化されたものではないが、口伝により、もしくは数人の有名なる武士もしくは学者の筆によって伝えられた格言である。

ところで、武士道の道徳的原理として「義」、「勇気・敢為堅忍の精神」、「仁・惻隠の心」、「礼」、「誠」、「名誉」、「忠義」、「克己」の心（精神）が求められる。

「義」は武士の掟の中で最も厳格なる教訓である。著名な武士「林子平」はこれを定義して決断力と解し、曰く「義は勇の相手にて裁断の心なり。道理に任せて決心して猶予せざる心を言うなり。死すべき場合に死し、討つべき場合に討つことなり」と。また真木和泉は「節義はたとえて言はば人の体に骨あるが如し。骨無ければ首も正しく上にあることを得ず。手も動くを得ず、足も立つを得ず。されば人は才能ありとても、学問ありとても、節義無ければ世に立つことを得ず、節義あれば、不骨不調法にても、士たるだけの事欠かぬなり」と。これを弁護士にあてはめればこれらのことを意識している弁護士は弁護士としての地位を汚さない最低限度の道徳観を備えるということになろうか。

「勇・敢為堅忍の精神」の勇気は、義のために行われるのでなければ、徳の中に数えられるにほとんど値しない。孔子は『論語』において勇の定義として「義を見て為さざるは勇無きなり」と説いた。この格言を積極的に言い直せば「勇とは義しきことを為すことなり」である。

「仁・惻隠の心」に関し、愛、寛容、愛情、同情、憐憫は古来最高の徳として、すなわち人の霊魂の属性の中で最も高きものとして認められた。孔子も孟子も、人を治める者の最高の必要条件は「仁」に存することを繰り返した。孔孟ともに王者たる者の不可欠条件を定義して「仁とは人なり」（中庸）と言った。

「礼」の最高の形態は、ほとんど「愛」に接近する。吾人は敬虔なる心をもって「礼は寛容にして慈悲あり、礼は妬まず、礼は誇らず、驕らず、非礼を行わず、己の利を求めず、憤らず、人の悪を思わず」と言いうるであろう。

「誠」について、信実と誠実となくしては、礼儀は茶番であり芝居である。孔子は「中庸」の中で誠を崇び、これに超自然力を賦与してほとんど神と同視し、曰く「誠は物の始終なり、誠ならざれば物無し」と。

「名誉」について、名誉の感覚は人格の尊厳並びに価値の明白なる自覚を含む。

「忠義」について、封建道徳の中で他の諸徳は他の倫理体系もしくは他の階級の人々と共通するが、この忠義の徳、すなわち目上の人に対する服従および忠誠はさい然としてその特色をなしている。人格的忠誠はあらゆる種類および境遇の人々の間に存在する道徳的結びつきである。

以上、武士道についての簡単な概略をみた。弁護士である前に人間であれ、武士である前に人間であれとの観点から考えると両者の道徳観、倫理観は基本においてあまり差はないと考え、これらを実践するよう心がけてよいのではあるまいか。

五　弁護士道

横浜弁護士会会則第二章による「弁護士道」は次のとおり成文化されている。

① 弁護士は、人権の擁護者であり、社会正義を顕現するものであることを自覚しなければならない。（六条）

② 弁護士は、常に法令が適正に運用されているかどうかを注意し、いやしくも非違不正を発見したときは、これが是正に努めなければならない。（七条）

③ 弁護士は、法学その他必要な学術の研究に努めると共に、絶えず人格を練磨し、強き責任感と高き気品を保たなければならない。（八条）

④　弁護士の本質は、自由であり、権力や物質に左右されてはならない。（九条）
⑤　会員（弁護士である会員をいう。）は、弁護士の使命である基本的人権の擁護と社会正義の実現を達成するため、会規の定めるところにより、公益活動および委員会の委員としての活動に積極的に参加するものとする。（九条の二）

六　弁護士道徳

日本弁護士連合会会則第二章では「弁護士道徳」として次のとおり成文化されている。
①　弁護士は、人権の擁護者であり、社会正義を顕現するものであることを自覚しなければならない（一〇条）。
②　弁護士は常に法令が適正に運用されているかどうかを注意し、いやしくも非違不正を発見したときは、その是正に努めなければならない。（一一条）
③　弁護士は、法律学その他必要な学術の研究に努めるとともに、たえず人格を練磨し、強き責任感と高き気品を保たなければならない。（一二条）
④　弁護士は、法定の内外を問わず、裁判官、検察官及び同僚に対して礼節を守るとともに、公私混同の態度があってはならない。（一三条）
⑤　弁護士会の役員の選任は、人格見識のある者が衆望をになってこれにあたることができるように、民主的で、かつ、公明な方法になってなされなければならない。（一四条）

⑥ 弁護士の本質は、自由であり、権力や物質に左右されてはならない。(一五条)
⑦ 本章に規定するもののほか、弁護士の道徳及び倫理並びに弁護士への職務の規律に関し必要な事項は会規をもって定める。(一六条)

七 弁護士の基本倫理

弁護士職務基本規定第一章では弁護士の「基本倫理」として次のとおり定めている。
① 弁護士は、その使命が基本的人権の擁護と社会正義の実現にあることと自覚し、その使命の達成に努める。(一条「使命の自覚」)
② 弁護士は、職務の自由と独立を重んじる。(二条「自由と独立」)
③ 弁護士は、弁護士自治の意義を自覚し、その維持発展に努める。(三条「弁護士自治」)
④ 弁護士は、司法の独立を擁護し、司法制度の健全な発展に寄与するように努める。(四条「司法独立の擁護」)
⑤ 弁護士は、真実を尊重し、信義に従い、誠実かつ公正に職務を行うものとする。(五条「信義誠実」)
⑥ 弁護士は、名誉を重んじ、信用を維持するとともに、廉潔を保持し、常に品位を高めるように努める。(六条「名誉と信用」)
⑦ 弁護士は、教養を深め、法令及び法律事務に精通するため、研鑽に努める。(七条

「研鑽」）

⑧　弁護士は、その使命にふさわしい公益活動に参加し、実践するように努める。（八条「公益活動の実践」）

八　まとめ

以上のことから、私は弁護士の倫理・道徳の実践は最も重要であり、成文化された前記五〜七は、前記二および三の肩書のない人間としての倫理・道徳観念が背後にあることを再確認しておくべきであると考える。すなわち、横浜弁護士会会則の「弁護士道」として第二章八条に、日本弁護士連合会会則の「弁護士道徳」として第二章一二条に、弁護士の不祥事をなくすために平成一六年一一月に制定された「弁護士職務基本規程」では「基本倫理」として第一章六条に規定されている内容には、その片鱗がうかがわれる。「弁護士倫理・道徳」の成文化は「弁護士」には上記その他の条項の遵守義務が当然であることを各弁護士に理解させ、その実践は最重要課題であることを再認識したものである（近年「弁護士倫理研修」が必須となっていることはこれらのことを物語っている）。

第五章　先輩弁護士の弁護士地位向上の尽力に感謝

一　現在の弁護士の地位

現在の弁護士の地位については法曹三者一体として考え、法曹三者間には上下関係はないと一般的には考えられている。

しかし、弁護士の過去の歴史を紐解いてみると、過去においては弁護士の地位はかなり下にみられた時代があり先輩弁護士がその地位向上に努力した形跡がうかがわれ、われわれはこれら先輩弁護士に感謝しなければならない。以下の記述は奥平昌洪著『日本弁護士史』と『東京弁護士会史』による。

徳川時代には、本人疾病その他の事情により付き添い、差付き添い人、介添え、と称する者がいたが、これは代理人ではなく、依然として本人の出廷が原則で、今日でいう弁護士のような代理人は認められなかった。

二　明治時代の代言人（その一）

明治八年以前は法律上代言人の職業は認められず、したがって何らの特権はなく、裁判所の門を入るには名刺を門番に示して認印を受けなければならず、これを受付に差し出し受付より掛官の手元に差出し置き、用務を終えたときは掛官の認印を受けてこれを門番に出して初めて出門ができた。代言人の控え室もなく、訴訟当事者と同じ土間に雑処し、法廷に入るにも呼び捨てであった。

明治五年に江藤新平が欧州先進国に倣い同年八月太政官無号達をもって司法職務定性を公布し仮定のまま施行され、同年八月二四日司法省無号達をもって決定された。同定性は一〇八条からなり、司法省、裁判所、判事、検事、証書人、代書人、代言人の職務を規定し、わが国司法制度の基礎を確立し一大革新を行った。

しかし、当時の証書人は現在の公証人、代書人は司法代書人、代言人は弁護士を意味するも、それらの権限が必ずしも的確でなかったので、翌明治六年六月に代人規則を公布して代言人の権限を明確にした。

以上のとおり、代書人、代言人に関する規則はあったが法律上代言人の職業を認めたものではなく、ただ本人に代わって発言するので代言人と称したにすぎず、その資格についてもほとんど制限がなかった。ところが時代は急転し、明治維新の気運に乗じて西洋文明が流入し、法律学を研究して代言人を業とするものが多くなり、弊害が出てきたことから、明治九年に代言人規則を公布して、初めて免許代言人時代が到来し今日の弁護士制度が誕生した。

三　明治時代の代言人（その二）

当時は代言人になりたい者は、主として代言を行いたい裁判所を特定した願書を記し、所轄地方官の検査を経て司法省に提出した後、免許を与えられる者は司法卿が免許状を下付した。したがって最初の代言人は裁判所単位の免許であった。免許は一年ごとの更新で、免許料は一〇円であった。また、免許状を得た者は必ず該裁判所から三里内に居住し、その距離内の本庁、支部において代言人の業務ができた。なお、東京大学法学部卒業生はその卒業証書を提出することで免許状が授与された。

免許代言人は同時に必ず各地方裁判所の本庁、支部管内ごとに一つの組合を組織してそこへ加入しなければならなかった。明治一三年に初めて東京代言人組合（東京弁護士会の前身）が設立された。

代言人の免許を希望するときは検事がその願書と履歴書を査閲し司法卿に進達した。代言人はすべてその地の検事が監視し、代言人規則に反した者あるときはその処分を裁判所に求め、裁判官が直ちに処分し検事に通知した。

このように明治一三年当時はまだ代言人の自治は認められなかった。

明治二六年三月弁護士法が公布され、弁護士会が設立され、ようやく本格的な歩みをたどるに至ったが、日清、日露の両戦役による国運の勃興に乗じ、その内容を整理し調節され、大正時代に入ってその実質を完成した。

しかし、弁護士会は依然として、検事正の監督下にあり弁護士の自治獲得は半世紀後の昭和二四年に制定された現行弁護士法によって実現された。

また、弁護士の地位向上には星亨氏の活躍や花井卓蔵博士の活躍、東京大学卒業と同時に弁護士になった者（岸清一博士、原嘉道博士など）が多かったことなどが大きく影響した。特に星氏は英国のバリスターの資格も取得していたとのことで、このように明治の初期に有能な多くの方が弁護士になったことは、その地位向上に大いに貢献したようである。これら先輩弁護士の活躍に心から敬意を表したい。

現在は法曹三者（判事、検事、弁護士）に上下の関係のないことは当然のことのように思われているが、ここに至るまでの先輩弁護士の努力は並々ならぬものがあったものと思われ、その尽力に感謝したい。

四　横浜の代言人

前述のように、明治九年二月に「代言人規則」が布達され、訴訟代理は原則として試験に合格した免許代言人しかできなくなった。神奈川県下代言人第一号は植木綱二郎氏であり、ほかに合格者はいなかった。植木綱二郎氏は二年後東京に移住している。

明治一三年五月には「代言人規則」が改定され、代言人は組合の結成が義務づけられ、前述のとおり東京ではいち早く、星亨氏の呼掛けで東京代言人組合が設立され、次いで同年横浜代言人組合も設立されたが、特に話題となるような議題はなく、代言人は五名であった（以上は、『横浜弁護士会史上巻』による）。

（格言・名言）

開拓者精神によって自ら新しい世界に挑み、失敗、反省、勇気という三つの道具を繰り返して使うことによってのみ、最後の成功という結果に達することが出来ると私は信じています。

本田宗一郎

第六章　弁護士登録時（昭和四五年）頃の法曹界の状況

一　弁護士の数

私が弁護士登録した当時（昭和四五年）の日本の人口は、一億二〇〇〇万人余であり、弁護士の数は、一万二〇〇〇人余であり、人口一万人に対して弁護士一人の割合であったように思う。現在（二〇一二年一月一日現在）の日本の人口はほとんど増加していないが、弁護士の数は約三万二〇〇〇人余に増加している。

この弁護士の増加は後でも述べる機会があると思われるが、司法改革の一環としての効果である。

私が弁護士登録した当時は、仕事はほとんどが訴訟事件中心であり、予防法学的業務（たとえば顧問会社の法律相談など）は少なかった。私の期待した法律の大衆化にかかわる業務（たとえばホームロイヤーとして法律相談に乗ること）を求める者はいなかった。

当時は、訴訟事件が中心であったからいわゆる事件屋が横行し、筋の悪い事件を持ち回り、それを登録間もない弁護士を狙って依頼していたように記憶している。私もそのような事件の依頼を受けそうになって途中で気がつき、ことなきを得たことがある。

二　弁護士登録時の業務のあり方

私が弁護士登録した頃は、事件の依頼件数が少なく、時間があったため、前記法律の大衆化の一環として、会員制の法律相談を組織しようと考えた。そこで、当時年会費三〇〇〇円で何回でも法律相談を受けられるというキャッチ・フレーズを掲げ、会員を募るため郵便局の振込用紙を同封して何百人かに送付してみたが、成功しなかった。自治体の無料法律相談はそれなりに需要があったことから、この試みはよいアイディアであると思ったが、市民にアピールするには一つひとつの法律相談を大切にすることが重要であると認識した。

弁護士登録したばかりの頃は、事件屋に狙われやすいといわれる。事件屋的な者は現在でもいるようであるが、それがわからず依頼を受けてしまい苦労している弁護士がいる。

弁護士の数が多くなり事件の奪い合いになると、いよいよ事件屋のような存在が跋扈しかねないことから、弁護士はもっと予防法学的な業務に興味をもって充実させていくことが大切であろう。国民の中に溶け込むには、予防法学的な業務を深化させ、そのための勉強を怠らないようにするべきである。

弁護士登録間もない頃は仕事の依頼が思うようにこないため、暇な時もあったが、そのような時に焦ると事件屋の餌食になる。私はそのような時は司法試験受験時代には読めなかった法律書を読んで暇をつぶした記憶がある。仕事の依頼があった時に備える気持ちであった。

もっとも当時は四大公害訴訟（熊本水俣病、新潟水俣病、四日市喘息、イタイイタイ病の各訴訟）に代表される公害紛争事件が多く、昭和四五年の国会は「公害国会」とまでいわれた。また、「鞭打ち損傷」と総称された交通事故による損害賠償請求訴訟の全盛期であったが、私は弁護士登録をしたばかりの頃で、しばらく様子見を決め込んだ。私の弁護士登録以来公害問題は絶えることがない。

本書を執筆している最近（平成二三～二四年）思うことであるが、共産主義と資本主義については旧ソ連の崩壊により、資本主義社会がすぐれていることについては勝敗がついた。しかし、資本主義社会も公害問題を解決し、市場経済による競争原理から派生する貧富の格差を是正しないと人間の幸せは訪れない。アメリカも格差の是正が改善されず、失業率が改善せずオバマ大統領も苦戦している。世界の警察官の役割を果たしてきたアメリカの威信は低下し、一方では中国の台頭により世界の勢力分布が変化を来している。法曹はこれらの問題状況にどう向き合い「法の支配」をどのようにして実現すべきか真価が問われる時である。

余談になるが、私が最初に中国に行ったのは後述のごとく四人組が追放され、司法部が復活した直後の昭和五六年であった。当時の中国は、裸電球の薄暗い街裏や、市街から離れた場所にある仕切りのないオープントイレなどにより、日本の終戦後間もない頃とあまり変わらない状況であったことが印象に残っている。この中国が三〇年余を経た現在ではGDP世界第二位の経済大国に成長し、世界の工場の役割を果たし、最近軍艦を所有するなど軍備の拡張も著しい。このような中国の経済成長、発展を目の当たりにしているとその力は驚異である。共産党一党独裁で、かつ、「法の支配」を犠牲にして、これまでのスピードで発展していくと中国はどうなるのか、本当に目を離せないというのが実感である。

（格言・名言）

心配や憂いは新しいものを考え出す一つの転機。正々堂々とこれに取り組めば新たな道が開けてくる。

松下幸之助

第七章　弁護士は専門分野をもて

一　何を専門とするか

弁護士の場合、司法試験受験時代に好きな科目があってもそれが専門分野となるとは限らない。私は受験時代は刑法が得意であったが実務についてからは民事が専門になった。なぜなら、実務についてからの刑事事件は自白事件がほとんどで、法律的に争うことが少なく、反省しているとか、本来は真面目な人間であるとかなど情状の立証で終わる事件が多く、事件処理の法律的面白みがないからである。現在は裁判員制度の導入により刑事の分野も人気が出てきていると思うが、それでも民事を専門とする弁護士が多いのではなかろうか。

二　専門分野はどうして決めるか

ところで、弁護士が実務についたからといってすぐに専門分野が身に付くものではない。弁護士は受任した事件によって鍛えられるところが多いことから、受任事件によって自然と専門分野が決まってくるように思う。私の場合は損害保険会社の顧問をした関係から不法行為関係（交通事故、医療過誤、弁護士過誤、土地家屋調査士過誤など）、また、裁判所から再建・破産両方の倒産事件（破産管財人、保全管理人など）の依頼が多かったことから、破産事件、不法行為事件が専門分野となった。

もちろん、横浜周辺の開業弁護士は、街医者スタイルの弁護士がほとんどであるから民事一般の事件、すなわち借地・借家事件、離婚、相続、不動産関係、遺言関係などの事件を受任しているのが一般であり、私も専門分野の事件以外にこれらの事件も非常に多く依頼され手がけてきた。弁護士登録時点では、民事でも刑事でもいずれの事件でもよく、できるだけ多くの事件処理を経験することが有益である。市民としては、依頼する弁護士がどの分野を専門とするかを知りたいことはわかるが、街の開業弁護士は医師ほど専門分野が分かれておらず、私は開業当時、依頼された一般民事事件で処理に困った経験はない。多くの事件を手がけていく中で、民事でも特定の分野を専門としていることをいえるようになれば一人前である。専門分野ができればその分野の事件依頼が多くなり、それにつれてさらに専門性も高まり、その分野の勉強もよくするようになるから、良質のリーガルサービスができるようになり、事件処理も迅速になり相乗効果により、すべてがよくなっていく。

三　専門分野を充実させる方法

第三者に専門分野を公言するためには、その分野においては誰にも負けない自信をもたなければならない。そのためにはそれなりの努力が必要である。後述（第一二章）の「自己研鑽」がそれである。

これらの事件を適切に処理するためには法律の専門書、論文などの文献を読まなければならず、弁護士はこれらの法律書の購入を惜しんではならない。

また、医療過誤事件を処理するため、私は内科、外科等全科目の医学の教科書をそろえている。そのほか、最新の法律の勉強のため、私法学会、交通法学会、民事訴訟法学会、土地法学会など数種の学会に加入し、それらの学会に出席したり、機関誌を読んだりして法律の最新情報の入手を心がけた。

四　専門分野を標榜するには

第三者から専門分野を尋ねられたら、私は、まずは民事一般と答え、民事でも、不法行為全般、倒産関係であるということにしている。しかし、医師ほど専門化していないので、民事を専門としていると答えても市民にはわかりにくいように思う。医師の場合は、近年認定医（専門医）制度をつくり、それを示す「書状」を病院内、診療所内に額縁に入れて表示されているのをみかける。弁護士の場合も、日本弁護士連合会で同様の制度設計を考えているように思っているが、一般市民にわかりやすい、安心して依頼できるような制度を早急に実現するよう期待したい。

第八章　専門分野等の具体的事件の処理の仕方

一　再建型倒産事件

裁判所からの依頼事件がほとんどであり、私が倒産会社の再建型倒産事件の中立代理人になったことはない。再建型倒産事件においては、東京に法律事務所をもった弁護士が中立代理人になることがほとんどである。これは、企業の本店が東京にある場合が多いためや、倒産事件を専門としている横浜の弁護士の存在があまり市民に知られていなかったからではなかろうか。このような地域による受任事件の格差を解消するために現在は横浜弁護士会の中に「会社法研究会」を設け、「中小企業」向けの著作を発刊して市民にアピールしようと研究に励んでいる。

以下私が再建型倒産事件を取り扱った中で印象深い事件を取り上げることとしたい。

1　会社更生事件の処理

(1)　酒類総合卸商N会社のケース

昭和五九年神奈川県下最大の酒類総合卸商だった株式会社N商店（以下、「N会社」という）の会社更生法事件の保全管理人を引き受けた。

N会社の前身は江戸時代後期（文政年間）創業の老舗で、従業員一四〇名、年商二五〇億円、負債総額約二二〇億円であったが、特色としてはN会社の代表者N家の個人資産が莫大であった。N会社は手形不渡りを二回出した後の会社更生手続の申立てであったが裁判所は受理した（通常は一回目の手形不渡り出す前に会社更生の申立てを行い保全命令を得て手形不渡り処分を免れるようにしておくべきものである）。裁判所としてはN会社が老舗であったことと、N家の個人資産を考慮したのであろうか。当時としては神奈川県下最大の倒産事件であった。

私はこの事件は手形不渡りを二回出してしまった後の申立てであることから、会社更生手続に進むことは難しいと思いながらも、同年一二月二五日に保全管理人を引き受けた後は、債権者の同意を得るために時間が勝負と心得て正月を返上して調査した。

倒産原因の究明のためには、代表者からの聞き取り調査、管理職からの聞き取り調査を行う。調査に際しては、全従業員に対して守秘義務「絶対に他の従業員には口外しない」ことを約束し、保全管理人宛てに倒産の原因と思われる意見を文書で提出してもらった（その後の再建型倒産事件でも、私は従業員からの意見聴取を文書で行っているが、非常に参考になると思っている）。

調査の結果倒産の原因として次の事実が判明した。

①　組織面からみると社長を頂点とした組織図があり、それに従った役職者が配置されて

いるが、社長が組織図の末端の従業員にまで指図するから中間管理職が育たず、組織を中心とした会社としての機能が働かないため、従業員一人ひとりが代表者とつながるいわゆる商店の域を出ない。経理事務員を育てなかったので、資金繰りは社長自身のメモを頼りにしていた。代表者のN氏は非常に能力があったが、従業員に一定の権限を与え任せることができない性格であった。そのうえ業界、町内会などの名誉職が多く、自己の会社の経営に専念できなかった。

② 人的側面からみると、N氏はH大学出の鋭い決断力、洞察力があって、少量の注文でも届ける顧客本位の商売をしていた。そのため、顧客からは信頼されていたようであるが、超ワンマン経営であったので一人でできることには限界があった。命取りになったのは、会社の財務面が弱体化し、約二〇億円の資金が必要となりこれを調達できないと倒産が必至の状態になった時、北海道の一二〇万坪の土地売買の話に乗り、この転売で資金を捻出しようとしたことで失敗した。すなわち土地購入代金は手形で支払い、その支払い期日までに転売先をみつけることで、その転売代金で手形を決済する予定であったが、転売先がなかなかみつからなかったため、その間に土地購入代金として振り出した手形が高利貸しや、ヤクザにまで回り、二回の手形不渡りを出してしまった。このような会社更生手続の申立ては、東京地方裁判所では受け付けないようにも思えるが、神奈川県では当時としてはあまりにも大きい事件であり、しかも、老舗の会社で、代表者

の婿入りした家が大変な資産家であって、金融機関はN会社よりもN家の資産に眼をつけていたくらいであった。このような事情から、横浜地方裁判所は、N会社の会社更生手続の申立てを受理したように思われた。

③　仕入れ・販売面では、仕入れ代金のコストダウンを図るため、輸入に際しては正規の流通経路を経ないいわゆる並行輸入が多かったため、輸入業者の倒産による損失もN会社の体質を弱体化させていた。

④　損益面では、酒類卸売販売業における損益は、メーカーから受けるリベートと、小売業者に支払うリベートの兼ね合いがポイントで、N会社では組織的なチェック体制が整っておらず、これらは営業マン個人個人に任されていて損益の管理面を怠っていた。

⑤　資金繰りの面では、N会社には、そのバックにあるN家の資産が何百億あるかわからないとの憶測により金融機関は過大評価していたため、資金が不足するとすぐ借入れでまかなうという体質になっていたことから、借入金を増大させたことになる。

以上のほかN会社の倒産の理由をまとめると、次のようになるかと思う。

㋑N会社は全国ネットの酒類卸業者が神奈川県下への進出を阻止するためその防波堤の拠点として支援を始めた川崎の業者に対する不良債権が増加しつつあったこと、㋺昭和五六年以降の安定成長期に入り得意先小売店の選別を怠り旧態依然とした業務用主体の小売店に販売し続けたこと、㋩組織が弱体であったため従業員が個々バラバラに仕事をし、代表者は本業以外の名誉職の業務に追われ会社業務に専念できなかったことから売上げが減少したこと、㊁加えて販売面では組織的活動が弱く支払いリベートはセールス担当者に任され売上げ増をめざす余り損益面を無視したリベートが決められ粗利が薄くなったこと、㋭それなのに代表者はそれまでと同様の経営を継続したため約二〇億円の資金不足となる経営危機の状態に陥り、前述の北海道の土地売買に手を出し、土地売買名目に手形を乱発し、その手形が高利貸しに回ってその噂が広がったことから信用を落とし金融機関の融資がストップし、他に手形を割り引いてくれる業者がなく倒産に至った。

一方、再建の可能性については、債権者の協力体制、スポンサーの有無、更生管財人候補の有無などがポイントになるが、N会社は神奈川県下六〇〇店余の得意先小売店を有する酒類卸業者であり、債権者である酒類メーカーは、N会社が会社更生手続の申立てする前から委託販売契約を結んでおり、あまり対立していなかった。したがって、更生手続開始決定に向けての任意の債権者集会を開催してその動向を探ったところ、保全管理人の再建案については特段異議は出なかった。ところが、スポンサーの件では、債権者集団等の同意を得られず、結局会社更生手続に進むことはできなかった。N会社のスポンサーは、関西を中心に全国ネットの酒類販売を営んでいた業者であり、関西から関東へ進出したいと考えていたことによりスポンサーを引き受けたものであるが、そのことが事前に知れ渡ってしまい、酒類メーカーである債権者集団からはそのスポンサーによって関東の市場をかき回されると思ったのか、非協力的となってしまった。また、同時にN家（資産はN氏の妻名義であったので妻の協力が必要条件であった）としてもN会社に協力すれば同社の支配権を握れると思っていたが、スポンサーの支配下になるのでは協力できないとされ、万事休するに至った。

保全管理人の業務は、①破産原因の解明と、②①を解消することによる再建の可能性を検討する点、の二点に要約できると思うが、N会社の事件は今一歩のところで破産に移行することになった。しかし、私の働き盛りの時であり、正月を返上して一カ月余一心不乱に業務に精励したのがN会社の従業員に通じたのか、破産手続になっても私が同社を去る時には数十人の社員が見送ってくれ、感激して涙がこぼれた。至誠天に通じたのであろうか（余談であるが、N会社の破産事件は他の弁護士が担当した。その後バブル期に入ってN家の不動産が高く売れ、破産事件としては異例の高額配当になったようであり、また、N会社の従業員の未払給料退職金も全額配当になり、さまざまな面で珍しい破産事件であった）。

(2)　端子製造T会社と機械製造N会社のケース

そのほか、再建型（会社更生事件）の倒産事件は三〜四件を担当している。すべて事件は一件一件個性があり、処理の仕方は同一とはいかない。スポンサーのついた事件は目的を達成しているが、自力更生型事件は破産に移行している。

端子製造のT会社は東京証券取引所二部上場会社で、本業（端子製造）には問題がなかったが、一時資金繰りに窮したときに石油の先物取引（通称「石油ころがし」）に手を出してしまい、その失敗が倒産の原因となった。幸いスポンサーがついて事業継続となった。T会社は東京新宿の超高層ビル街の「新宿ビル」にあったので、私は当初一カ月は近くのホテルに泊まり、休日返上で連日出勤し、T会社の代表者をはじめ管理職の人まで事情聴取し、すべてを頭に入れてスポンサーを探し、盛んにT会社を売り込んだことが事業継続につながったのであろう。

機械製造のN会社の保全管理人業務にあたった際には、会社のあった新横浜に約一カ月毎日出勤し努力したが、スポンサーがみつからず破産に移行してしまった。

この両社は機械あるいは部品の製造会社であり、技術者を維持（退職しないように）することが非常に大切である。腕に自信のある技術者は倒産会社より他の会社に移りたいと思うのも自然であろう。

そこで、このような製造会社などの再建型倒産事件では、私は保全管理人としてその会社に行った最初の日に全従業員を集めて、会社更生事件の手続、進行についてのすべてを詳細に説明したうえで、全力を尽くして頑張り会社を更生させるので、私を信頼してついてきてほしいと訓辞している。特に有能な技術者には個別に折に触れて経過を説明して心配を和らげていた。再建型倒産事件は保全管理人の全人格的なものが要求され、倒産会社を取り巻く債権者、従業員、スポンサーなどすべての方に信頼されないと成功しない。それだけに弁護士人生を賭けるに値するやりがいのある仕事である。

(3)　再建型倒産事件を通じて思うこと

再建型倒産事件を担当していていつも思っていたことは、倒産会社の従業員には家族がいて、その人たちの生活を維持できるように、いつも早期解決を心がけていた。それに比べて一般民事の訴訟事件の処理は非常に遅かった。再建型倒産事件の場合は、毎日の営業行為の判断、決済を求められれば直ちにその判断をしなければ会社の経営が成り立たない。民事訴訟事件では、裁判官から釈明を求められても次回に書面で回答する、でその場は終わってしまう。非常に矛盾を感じた。

この点は民事訴訟法、倒産三法の改正により今日ではかなり解消されているが、昭和三八年の我妻榮会長による臨時司法改革審議会の答申後約三〇年間目立った改革がなされなかったことから考えると、その答申について関心が薄かったのではないかと思われる。そのため司法の物的、人的基盤、容量が拡大せず、平成一三年に至って、佐藤幸治会長による司法制度改革審議会の答申を必要としたものと思われる。その後もその答申どおりに司法改革がなされているのか疑問に思う。私の所属する横浜弁護士会の身近な例をあげれば、神奈川県相模原市は政令指定都市であるにもかかわらず、横浜地方裁判所相模原支部には合議部がない。佐藤会長の司法改革審議会の答申後数年が経過しているのに、こういった問題が解決しないということは、司法改革の熱意が数年にして薄れてきていると判断されても仕方がないように思われる。司法改革については後にふれることにする。

2　和議（現在の民事再生）事件の処理

私は、和議法時代における和議申立て後の「整理委員」の業務も多く担当した。整理委員は二〜三カ月の間に申立人の「和議条件」（再建計画。以下同じ）で会社再建の可能性があるかについて、倒産の原因とあわせ考え裁判所に意見書を提出する。和議条件においては非担保の一般債権は五〇％カットしたうえで一〇年をかけて返済するというものが多かった。会社更生事件と異なり経営者は交代せず、申立人は債権者集会で「和議条件」に賛成してもらうべく説得にまわる。和議が成立してもその後債権者への返済がなされているかを追跡されることはないので、債権者集会を乗り切ってしまえば申立人（倒産会社）に都合のよい制度であった。このように債権者には不利な点もあり、また和議申立て時点で「和議条件」を決定しなければならない不便さもあって、「民事再生」制度にとって代わられたといってよい。整理委員の業務は保全管理人に比べ、会社経営に関与しない分、気は楽であった。しかし、再建の可否を判断するについては、一件一件個性があり事案内容が異なるので苦労した。

二　清算型倒産事件

私はこれまで大少さまざまな多くの破産事件を担当した。

破産事件も一件一件それぞれ個性があり一件ごとに手続が終了するまで気の抜けないこと

が多かった。それでも破産事件は破産宣告時点で残存する財産を注意深く管理し、それを適正価格で処分し債権者の優先順位に従って配当することで完了するので、時間はかかるが再建型倒産事件に比べて気は楽であったように思う。印象に残っている事件を二、三思い起こしてみよう。

1　整理屋

まだ旧破産法であった昭和五三年頃は、倒産事件にいわゆる整理屋が跋扈した時代である。整理屋は、倒産事件に際してある債権者からの依頼で債権者集会に出席し、債権者集会を取り仕切り、型どおりに債権者委員会を設立させ、債権者委員会の委員長には、依頼を受けた債権者を就任させる。そして、債権者集会としては、その後は債権者委員会への一任を取り付けて終了させる。債権者委員会は手続上、破産管財人が行うような、債権を届けさせたり、売掛金を回収したり、在庫品の処分をしたりはするが、その過程で依頼債権者の有利に取り繕って、形式的に一定の金額を全債権者に配当することで手続を終わりにしてしまう。依頼債権者からは利益の分配を受ける。このような任意整理の手法は関西から始まり関東へ進出していた。これに対抗するためには断固として破産手続を申立て、裁判所の監督下で処理すればよいのであるが、裁判所の手続では時間がかかってしまう。整理屋はこれを短期間に処理し、破産者がすぐ事業を継続できるようにしてやると甘言を弄して誘いかけるので、会社経営者はついそれに乗ってしまうのが当時の実情であった。
私が担当した家具卸問屋の事例も、途中まで法的処理が進んだのにもかかわらず、破産会社の代表者が整理屋側につき独自の整理を始めたために、破産手続の申立てを取り下げざるを得なくなり、裁判所からは不審がられた。破産事件の処理を失敗した事例である。

2　破産管財人

(1)　事件の迅速処理

破産管財人として事件処理に失敗した事例はないものの、事件の迅速処理に関して感じたことがある。

破産管財人は裁判所の監督を受けるが、破産財団に属する財産の管理および処分する権限は破産管財人に専属する。したがって、中小企業規模の破産事件はやりようによってはいくらでも早く終結させることができる。

小さな破産事件でも数年をかける破産管財人もいるが、これでは破産者の敗者復活の機会が少なくなる。私が担当した破産事件で、機械の部品を「鋳物」で製造する会社があったが、唯一の破産財団は「鋳物工場」であった。これをそのまま利用すれば価値があるが、製品、仕掛品等をばらばらに処分したのでは価値がなくなり、高価に処分することはできない。この事件では幸いに従業員の中に、この「鋳物工場」を一括で買取り事業を自分の思いどおりにやってみたいとの考えをもった人がいて、その説得には時間を要したものの、その人に買い取ってもらうことで、数カ月でその破産事件は終了した。その破産会社の経営者は、「鉄」は「国家」なりとの経営哲学をもっており、「鋳物」による機械部品は、安価で耐久力があり最もすぐれていると考えていた。そのため、鋳物工場の経営に未練が残っていたが、早く破産事件が終わったことから再挑戦の機会が速く訪れたと喜んでいた。

破産事件によらずどのような事件でも、迅速に処理することは事件当事者にとって有利であることは間違いない。弁護士は、そのことを絶えず心がけておくべきであろう。

(2) どうしても時間がかかる場合

破産事件においても、建設会社が建設途中の現場を多数抱えて倒産した事例の場合には、手続に日数が多くかかる一方で、破産財団に入る現金は少ない。なぜなら、このような事例の破産財団は、建設工事途中の出来高清算による注文者に対する未払い金である。すなわち、このような場合においては、破産会社の施工した工事の出来高を見積書に従って算定し、その分の報酬をすでに受け取っているが、多くの事例では、出来高のほうが多く、受領している金額が少ない場合が多い。出来高と受領済みの金額との差額が破産財団に入ればよいが、ほとんどは残工事を処理する代金が、破産会社が当初見積もった金額よりも多くなる場合が多い。これは当初の破産会社が破産により工事を中止してから、残工事を請け負う会社が残工事を見積もるまで空白の期間が生じるために、破産会社がすでに行った工事を引き継いだ引受人がやり直さなければならないなどの理由による。この種の破産事件は訴訟事件にもなりやすく年月がかかるが、やむを得ない面がある。これを防止するために、当初の請負契約において、倒産した場合の工事引受人をあらかじめ決めておく例もある。

多くの破産事件を担当して痛感することは、破産事件の迅速、適切な処理をするには、その事件処理に集中すること、手持ち事件の合間に処理するようなことをしない心がまえをもつことであろう。

破産法改正後は、小額管財事件などの工夫により迅速、適正処理についての配慮がなされているが、破産管財人の事件処理の心がまえは変わらないであろう。

三　交通事故事件

1　交通事故事件への弁護士会の貢献——赤い本と青本

私が弁護士登録した昭和四五年の数年前からモータリゼーションの上昇（自動車の普及）に伴い、自動車の交通事故が激増しそれによる損害賠償請求事件が急増した。多くの地方裁判所においてはその損害賠償請求訴訟のため大げさにいえば弁護士が法廷の中に行列をなす様相を呈した。このような現象から弁護士会特に東京三弁護士会が中心となって昭和四三年頃から毎年東京地方裁判所、東京三弁護士会、日本損害保険協会が協力して、交通事故に関する損害賠償に関する法律実務や保険実務の調査、研究を行いその成果を『損害賠償額算定基準』と題する冊子（通称「赤い本」といわれている）にまとめ、裁判官や弁護士が交通事故損害賠償事件の処理に参考とする有益な役割を果たした。これは改訂されるごとに内容が充実し、事件解決に大いに役立っている。一方日本弁護士連合会でも「財団法人日弁連交通事故相談センター」を設立して、昭和四五年から『交通事故損害額算定基準』と題する冊子（通称「青本」といわれている）を刊行し弁護士の事件処理の参考として使用されてきた。この「青本」も改訂を重ねるたびに内容も充実し「赤い本」同様交通事故による事件解決に寄与してきた（弁護士のみに限らず交通事故当事者や損害保険代理店にも使用されていると思われる）。

2　訴訟から示談へ――過失相殺率の認定基準の公表

次に交通事故は、両当事者の一方的過失による場合は少なく、両当事者の過失割合が問題となることが多い。昭和四〇年代まではこの過失割合の判断が困難であったため、示談での解決が少なく訴訟になる割合が高く、訴訟でも同じような事例にもかかわらず、裁判部によっては異なった判断をして遅延の原因にもなった。そこで東京地方裁判所では、昭和五〇年に「民事交通訴訟における過失相殺率の認定基準」を法律専門雑誌である判例タイムズに公表した。その結果、過失相殺率の判断における可能な限りの統一と、訴訟に至った場合の予測が可能になり、示談による解決事案が多くなった。この「民事交通訴訟における過失相殺率の認定基準」はその後何回か改訂（全訂四版）され、現在も使用されており訴訟や示談の役に立っている。

不法行為等による損害賠償請求事件の損害額算定については、交通事故の損害賠償理論がリードしているといっても過言ではないであろう。

3　鞭打ち損傷

昭和四〇年代は交通事故による損傷の態様として、いわゆる「鞭打ち損傷」による損害賠償請求が多かった時期がある。一度「鞭打ち損傷」を受けると生涯治らないなどとの誤ったうわさが広がり、マスコミにも取り上げられ社会問題になった。そこで医学界では「鞭打ち損傷」のメカニズムの解明に尽力し、昭和四六年頃には、「鞭打ち損傷」は軽い病名から並べると「頚椎捻挫」、「頚椎神経根症」、「バレルー症候群」、「脊髄症」に分類され、ほとんどの症例が「頚椎捻挫」であり、急性期の一週間ぐらいは安静にし、頚部を固定していれば一カ月前後で治癒に至るが、症例によっては前記の他の病名として治療を要するものもある、との医学的解明がなされた（昭和四二年には、日本脳神経外科学会と日本災害医学会において、昭和四三年には、日本整形外科学会と日本脳神経外科学会において、さらには昭和四六年には、日本医学会総会において、集中的にシンポジュウムを開催して研究発表がなされ、「鞭打ち損傷」のメカニズムが解明された）。

しかし、社会的にはそのような医学的解明がなされていることも理解されず、被害者の中には従来の考え方に拘泥する人も多かった。私はある損害保険会社の顧問として加害者の側に立って解決する場合が多く、前記医学的解明を理解されない被害者との示談の話し合いを余儀なくされ大変苦労した。そこで、自信をもって被害者を説得するため、および私自身が「鞭打ち損傷」の医学的知識を明確に理解するため、そして一般の人にも理解してもらいたいとの思いから、私自身の「鞭打ち損傷」の経験を踏まえて、研究の成果を『鞭打ち損傷と損害賠償』（民事法研究会・平成三年）として出版した。

４　厄介な示談交渉の相手方の対応

交通事故に関しては民事訴訟も数多く担当したが、話し合いによる示談も数多く担当した。示談の相手方の被害者の中にはヤクザ、エセ同和関係者、いわゆるチンピラと称する厄介な被害者ないし被害者代理人と会った。こういった相手方とは、電話によって交渉すると、相手の顔や表情がわからず誤解を招き危険であることから、直接面会して話し合った。時間を節約して直接面会することを省略するとかえって長引く場合が多い。直接会えば誠意も伝わり意外と早く、しかもうまく解決するものであることを経験してきた。若い弁護士には、ぜひこの経験を参考にしてほしい。また、前記のような相手方と示談交渉するときには、弁護てもらい、「言った、言わない」の言葉尻をとらえての争いをなくすことが賢明である。

四　医療過誤事件

1　スペシャリストの助言者を

交通事故の場合も後遺症が問題となる場合には医療過誤が介在し、むしろ後者が中心となる場合も多い。私は内科、外科、婦人科、脳神経外科、整形外科など全科目の医学教科書をそろえ、より専門的なことは医学雑誌で知識を補うこととしていた。それでも、医学関係となると懇意で気軽に相談できる医師を身近にもつことが必要である。私は、幸いにしてその存在に恵まれ、医療事故、医療過誤の相談を受けた場合には、問題の核心をその医師に相談することで把握してきた。法律以外の専門知識が要求される場合には、そのスペシャリストが身近にいることが必要で、その意味ではいわゆる「士」ないし「師」のつく資格を有する人を身近に集めておくことが大切である。

2　医学鑑定が決め手となったケース

医療過誤が本格的に争いになると医学鑑定が必須になる。

私の医療過誤訴訟における成功例を参考に掲げる。事例は、「X女（五〇歳代）は自転車に乗っていて対向車を避けるためハンドル操作を誤り自転車ごと倒れて左の手を道路について肘の関節脱臼と手首の関節を骨折した」というものであったが、主治医は肘の脱臼がある場合は手首の骨折はない（医学的にはそのような場合があるらしい）と簡単に考え、しかも、患者には事故前「乳癌手術によるリンパ浮腫」があったので、手首のレントゲンも撮らないで左肘脱臼中心のコルセットだけの保存的治療しかしなかった。最初に手首のレントゲンを撮っていれば骨折していることが簡単に判断できた事例であったが、それを怠り整復療法しかしなかった。そのため結局は元に戻らず後遺症が残り、被害者は料理店（中華料理店で重い中華鍋を使いこなさなければならない）を経営していたことから、料理をするのに手首が自由にならない不便を来すこととなった。

主治医は整形外科の専門医で、後遺障害等級を判断する労災保険医であった。主治医は、本件は手術をしても後遺症が残る事案であると争った。ところが、医学雑誌によると新潟大学などでは手首の骨折の治療として、pins and plastar 療法を行っていることがわかった。したがって、患者が事故で手をついたことがわかっているのであるから、医学の常識としてレントゲンを撮っていれば手首の骨折は容易に発見できたのである。それを怠ったことに過失があると考えた。

しかし、主治医はこの患者の場合、上記乳癌手術によるリンパ浮腫がある場合には「観血的治療方法」(手術のこと)は適切ではないし、もしそれをしたとしても後遺症は残る症例であると争い、自己の過失を認めなかった。そこで、裁判所を通じ医学鑑定を行った。

主治医は関東では知られた整形外科医であることを考えると、主治医に遠慮して正確な鑑定結果が出てこないのではないかと心配したが、裁判所は山形大学医学部に鑑定嘱託した。結果は患者側に有利な結論が出た。その内容は、まず、肘関節の脱臼はコルセットによる整復療法で問題はないが、この脱臼と本件では嶢骨遠位端骨折を合併していた。このようなことは非常に稀であるが、脱臼を整復した場合に、その後に周辺を走る神経あるいは血管に何らかの症状があるかないか、を当然確認すべきであるからそれを行っていれば、その合併は発見できたとの内容である。

私は、鑑定結果のように難しい言い回しをしなくても、患者は手を地面についているのであるから当然医師としては手首のレントゲンを撮っていれば簡単に上記合併を発見できたはずであると考えた。これが、この医療過誤訴訟を進行、継続した心の支えであった。

鑑定人尋問も新しい民事訴訟法によってテレビ会議システムを使用してできるようになったことから、本件も鑑定人に山形地方裁判所まで出頭してもらうだけで横浜地方裁判所まで出頭してもらわなくても十分に尋問でき不都合な点はなかった。このテレビ会議システムを使用しての証人尋問が可能になったことから、証人、鑑定人などが遠方にいても訴訟進行に不都合がなくなった。これからの医療過誤訴訟では鑑定人が遠方でも訴訟進行には影響ないので、医療過誤を起こした医師とは、大学関係など系列に全く関係ない鑑定人を裁判所に選任してもらうよう配慮してもらうことが必要である。医療過誤訴訟ではともすると鑑定人が医療過誤の医師との関係から結論を明確にしないで、うやむやになってしまうケースが多いことが、訴訟関係者の間では不満となっていた。テレビ会議システムを使用しての証人尋問が可能になったことから、鑑定人についてはこれらの点を配慮して選任できることとなった。私は、経験上、大いにこの手法を使用しての証人尋問を活用すべきであると考えており、これからの医療過誤訴訟に活かしてもらいたいと思っている（余談になるが、鑑定人探しが困難であった昭和五〇～六〇年代の横浜地方裁判所との第一審強化連絡協議会において、私は、議長である当時の裁判所の所長に、神奈川県下の病院と協議会を開催して鑑定を引き受けてくれる医師ないし病院の鑑定人目録の作成を提案したが取り上げられなかった。当時からこのことは誠に残念に思っていた。近年に至って司法改革が進み、訴訟の促進に関心が集まり、横浜地方裁判所などでは鑑定人目録が作成されていると聞いているが、そうであれば幸いである）。

第九章　苦労したその他の一般事件

一　事件受任の際の心がまえ

弁護士は医者ほど専門化していないから、私の場合は民事一般（離婚、借地借家、不動産売買、相続一般、行政、境界紛争、労働など）事件は可能な限り受任し、受任した事件は困難であればあるほど研究に研究を重ね取り組んだ。弁護士は受任事件を処理することによって鍛えられ、成長していくものであると考えている。

受任事件について調査してみると判例（前例）もなく、学説でも論じられていない事件、あるいは、従来の判例、学説から考えると不利に思えるが、どう考えても受任事件の依頼者を保護しなければ正義、公平に反すると考えられる事件は一層真剣になるものである。このように考えると、弁護士が提訴しないと事件にならないのであるから、新たな判例は弁護士がつくるものであるともいえる。そして、新たな判例をつくることには生きがいを感ずるものであるから、困難で先例のない事件を受任した弁護士は事件に恵まれたといえる。しかし、途中で裁判官は和解を勧告するのが一般的であるので、和解も拒否して勝訴判決の先例をつくることは大変な精神力を必要とする。さまざまな困難を乗り越えて新たな判例を獲得した弁護士にはいつも敬意の念を抱いている。

私も、新たな判例をつくる生きがいを得たいとの考えから多くのさまざまな事件を受任した。解決に苦労した事件も多かったが、その中から、特に印象に残っている事件について取り上げたうえで、最後に私の当時の（働き盛り）の「弁護士としての一日」を思い起こしてみよう。

二　境界確定訴訟

本家、分家の関係にあるわけではないが、Ａ氏の家が公道より奥にあり、公道に沿ってＢ氏の宅地があり、Ａ氏宅の公道までの通路の両側はＢ氏の宅地がある。その通路幅約二メートル余、長さ約一〇メートル余の所有権争いである。

公図（登記所に備えてある絵地図）上はＡ氏の宅地の通路となっていてそれに沿って細い水路にＡ氏宅の排水が流れている。Ｂ氏宅の横の公道を隔てた隣には六〇〇年前からお寺がある。このお寺の住職に聞いても、過去帳からはこの両家の関係はわからないとのことであった。この事件は相隣関係にあり訴訟の途中何回か和解を試みたりしたが成立せず判決まで約七年の年月を要した。

昭和四〇年代の事件でありこの頃は公図に関する文献も少なく、結局私がこの事件を契機として公図に関して研究することになった。土地の所有権の証明にはできるだけ古い絵地図を探すことである。土地所有権あるいは土地の隣接地との境界の証明に一般的に提出されるのは法務局に備え付けられている「公図」といわれるものである。公図とは一般的に現行不動産登記法一四条二項に規定される「地図」（以下、「不動産登記法地図」という）のことと理解されているが、正確には同条四項に規定する「図面」（以下、「不動産登記法図面」という）であり、不動産登記法地図は現在国土調査法により測量中であり、完成はいつになるかわからない。不動産登記法地図の完成までは「不動産登記法図面」がこれを代用し、土地の境界を確定したい人は「不動産登記法図面」よりもできるだけ古い絵地図を探し（たとえば「土地宝典」など）証明するしかない。前記事例では、最終的には、もともと旧家であり、名主あるいは庄屋であって、先祖伝来の古い絵地図があり、また、土地家屋調査士の資格をもった古老で、かつ土地の絵地図に詳しい方の証言が決め手になって解決した。その内容は「公道より奥にある家は公道まで出る通路を所有しているのが通例である」というもので、不動産登記法図面のA氏の宅地の図形もそのように理解できる。

土地境界確定訴訟に提出される「公図」といわれるものについて当時は文献がなく、一般に土地取引においては信頼がおかれているものの、訴訟においては信憑性が少ない（水戸地判昭和三九・三・三〇下級裁判所民事裁判例集一五巻三号六九三頁）。私は疑問に思って、①公図の意義・性格、②公図の作成経緯、③公図の証明力、④公図の訂正などについて、「公図に関する若干の考察」と題した論稿を横浜弁護士会論集の創刊号（昭和五二年）に投稿した。

この論文が水戸弁護士会（現茨城弁護士会）のK弁護士の目にとまり、当時同弁護士が依頼を受けていた事件の解決に大いに役に立ったことを、十県会（関東一〇県の弁護士会で構成する任意団体）の夏季研修会（毎年一回持ち回りで開催している）などで何回も話され、私はそのたびに恐縮していたがうれしくも感じた。

弁護士は事件によって鍛えられるところがあり、受任事件で深く研究した法律問題があったらそれを公表し、他の弁護士にも役に立つようにすることも弁護士の役目の一つといえようか。

三　外国人が相続人の遺産分割事件

台湾出身であり来日後事業を興し、成功して多くの財産を形成しその後日本に帰化した六〇代の男性が、平成六年五月頃妻が外出していた間に何者かに自宅の台所において殺害された。この男性の先妻は、すでに亡くなり後妻と老後を幸せに暮らしていた。

私はその男性の遺産分割事件に関与した。その男性の相続人は後妻とその男性の兄弟姉妹であった。兄弟姉妹はアメリカのニューヨーク州に一人、バージニア州に一人、ハワイに一人、台湾に二人の五人であった。私はその兄弟姉妹の一人で当時ニューヨーク州に在住していた相続人の日本にいる知人を介して兄弟姉妹から受任した。遺産は預貯金と不動産で相続分は妻が四分の三、兄弟姉妹四分の一であり、妻には税理士がついているので弁護士には依頼しないとのことであった。そこで、私と妻とで遺産分割の協議をしたところ、不動産がかなり多かったことから、妻は不動産と預貯金の残り分を相続するということで協議は成立した。問題は不動産の登記のため外国にいる兄弟姉妹からどのような資料を取り寄せるかであった。

まず、相続関係の証明にあたって、被相続人と相続人全員が台湾で生まれているので、戸籍謄本がとれることから証明ができた。あとは遺産分割協議書に相続人全員の署名と、日本でいえば印鑑証明書の添付、および各相続人から司法書士への委任状を取得すればよい。台湾国籍の相続人は印鑑証明書も取得できる。アメリカ国籍になった相続人には印鑑証明書の代わりにサイン証明書を取得してもらうことになる。

本件で苦労したことは、法律問題ではなく各相続人に署名してもらい、アメリカ国籍になった相続人からはサイン証明書を作成してもらうのにいかに効率よく、アメリカ、ハワイ、台湾をまわって各相続人に面会するかであった。

幸いにして台湾生まれの相続人（すでに高齢であった）は、日本語を話すことができ、そのことでは困らなかったが、英語を聞き、話すことに自信のない私は飛行機の乗り継ぎに苦労した。最もヒヤっとしたのは、ダラス空港からカリフォルニア州のオレンジカウンティ空港行きの飛行機に乗り遅れたことであった。この遅れを取り戻すには、ダラス空港からカリフォルニア空港行きの最終便に乗って、カリフォルニア空港からオレンジカウンティ空港まで自動車で行くしかなかった。幸い、ダラス空港からカリフォルニア空港行きの最終便にはダラス空港の職員の援助もあって搭乗することができた。しかし、オレンジカウンティ空港まで出迎えにきてくれることになっている相続人に遅れることを知らせなければならなかった。そこで、私が搭乗した飛行機の座席に付いていた電話（私はこの時以来今まで飛行機の座席から電話で用を足したことがないので、その時の飛行機が電話付きであったことは誠に幸運であった）を利用して連絡をとった。カリフォルニア空港に着いた後、オレンジカウンティ空港の移動についてもタクシーを利用してどうにかたどり着いた（当時カリフォルニア州のタクシーに乗ることは危険であるとマスコミは報じていた）。そこから相続人宅まで、空港に着いたことを知らせなければならない。電話をかけるコインが幸いにして一枚残っていて用を足すことができた。翌日はハワイに行く予定を組んでいた。もし、ダラス空港の最終便に搭乗できなかったら、搭乗できてもオレンジカウンティ空港で相続人に電話ができなかったらその後の予定の変更が余儀なくされ、相続人に大変な迷惑をかけることになる。このダラス空港からの経過は奇跡と考えるか、神のご加護と考えるか、私は後者としか考えられない。

このような冒険的事件処理は、当時私は若かったからできたことで現在ではむつかしいだろう。若い弁護士にはある程度の冒険も期待したい。

四　借地法適用有無の事件

被告は、約六三〇〇平方メートルの長方形に近い土地の片隅約五〇平方メートルに二階建ての木造建物（事務所）を建て、残りの土地の真ん中約一〇〇〇平方メートルには産業廃棄物（アスファルトを剥がしたもの）のための頑強に土地に固定された中間処理施設（プラント）を設置し、残りの土地のプラントの両側の北東側には中間処理前の廃材の、南西側には中間処理後の製品の各置き場としていた。原告はこの土地全部を訴外Aから賃借して被告に転貸し、被告はこの土地において産業廃棄物処理業を営んでいた。原告は被告の事業がうまくいっているのに目をつけ、原告がその土地の明渡しを受け被告が行っていた事業を始めようと考え、民法六〇四条の賃貸借の存続期間が二〇年を経過したことにより期間満了を理由として被告に対し建物収去等土地明渡しの訴えを提起した。被告は本件土地賃貸借契約は旧借地法の適用があると争った。私は被告からこの事件を受任した。

第一審の横浜地方裁判所小田原支部では原告が勝訴したが、被告は敗訴となると倒産の可能性もあることから東京高等裁判所へ控訴した。また、被告は弁護団を強化して慎重に審理を進めた結果、被告に有利な心証を得たが、原告は第一審での裁判の和解（不成立に終わったが）経過を裁判所に伝え和解勧告を希望したので、裁判所は和解を進め、被告が原告に七〇〇〇万円支払うことで、原告は転貸人の地位を脱退することで和解が成立した。本件土地の所有者Aは被告側であり、今後被告が上記営業を継続することは認めていた。

本件の問題点は前記のような土地使用の場合においても、借地法の適用があるか否かの点にあり、判決となれば、東京高等裁判所はこれを認める発言を和解の際にしていたので、被告としては安心はしていたが、諸般の事情により和解で解決したものである。

五　少年の刑事事件

私は刑事事件に取組む機会は少なかったが、弁護士登録時は民事事件にも刑事事件にもかかわり、特に少年事件については、前記のとおり裁判官であった時に一年間担当したことから、専門分野といってよい。

弁護士登録して間もなくの頃、A、B、C、Dの四人の少年が共謀して通行人から金品を強奪した事件を担当した。四人は友人同士であり、小遣い銭欲しさに犯行に及んだのであるが、役割分担、実行行為がそれぞれ異なり、D一人は、実行行為において暴行も加えておらず、犯行現場にいた程度であった。しかし、第一審の東京家庭裁判所八王子支部は、四人全員を「少年院送致」にした。

私はDは現場にいて見ていた程度であり、積極的な行為に及んだわけではなかったから、保護観察処分程度でよいのではないかと思い「処分不当」を理由に東京高等裁判所に抗告申立てをした。東京高等裁判所では、Dが送致された少年院まで出張して審理をし、原決定を取消し原裁判所に差し戻し、その結果Dは保護観察処分となった。

本件について学んだことは、共犯事件の場合、各自の犯行内容を詳細に分析し、少年事件といえども軽く考えないで自信をもって処理すること、原裁判所は四人を一体的に把握していたが、東京高等裁判所では四人の犯行行為を詳細に分析し、少年院まで出張して慎重に審理されたことに、日本の司法（裁判所）は信頼できるとあらためて感じた。

六　建物明渡しの強制執行

建物明渡しの強制執行という弁護士の業務には、精神的に苦痛を感じるのは私だけではないであろう。困っている人の救済という点で誇りと、充実感を味わいながら日常の業務をしているが、建物明渡しの強制執行に際しては、債務者（建物から追い出される人）が一カ月の催告期間内に行き先を探しておかなかったために、その日に泊まるところもなく、追い出されて呆然と家の横に立っていたり、ある事件では親の遺骨を抱えたままアパートの廊下に立ったままでいるのをそのままにして帰ってこざるを得ず、気の毒な気持ちにさいなまれる経験を何回かしている。他の弁護士も同様の経験をしているのであろう。私は弁護士の仕事とはいえ、役所の生活保護課等に相談するようにアドバイスしても身動きしないような債務者には、その日の生活費にと思い一万円を渡して引き揚げたこともあるが、何となく後味の悪い思いを拭えない。このような場合、弁護士としてどうあるべきであろうか。

七　私の弁護士としての一日

ここで、私の働き盛りの時の一日の行動について記すこととしたい。

私の働き盛りの時は、まず朝九時までには事務所に出勤して前日の夜ファクシミリなどで届いた書類に目を通して分類し、整理することから一日が始まる。

横浜地方裁判所本庁以外の支部や東京地方裁判所に午前一〇時に法廷が入っている場合は、自宅から直行することになるが、当時自宅からバスで旧国鉄の駅（現ＪＲ）まで行かなければならなかったときは、一〇時の法廷に間に合うために苦労した。そこで、ＪＲになる前の国鉄時代に徒歩で駅まで行ける距離の範囲に自宅を移転し、その後は時間の予定が立つようになった。

午前中や午後五時頃までは、来客の応対（事件の打合せ）、電話の応対、弁護士会の委員会への出席などで、落ち着いて書類書きはできない。したがって、それらは五時以降の仕事となる。そして、六時〜七時頃に軽い外食をして九時〜一〇時まで事務所で書類書き、調べ物をして帰宅となる。その後に夜食をとるので、どうしても栄養過多になり太ってしまった。

特に会社倒産による会社更生事件の「保全管理人」、和議事件（現在は民事再生事件）の整理委員を裁判所から依頼されたときは、その事件にかかりきりで仕事の時間は無制限であり、整理委員として裁判所へ意見書を出すまとめの段階に至ると、忙しさは倍加した。

もちろん土、日も事務所へ出て、ボランティアの気持ちで主として弁護士会の委員会関係の事務処理をした。

この頃は仕事が趣味みたいな生活で苦労とも思わなかった。弁護士として一時はこのような時期があってもよいように思っている。

仕事は午後五時までとし、その後は趣味あるいは友人、知人と飲食をともにし、懇親を深めるのもバランスがとれ、健康にはよいように思える。このような生活パターンの弁護士も多いであろう。しかし、私の働き盛りの時は、このような余裕はなかった。この時の過労による疲労感が、前期高齢者になってから出ているように思われるのは言い訳であろうか（現在「民法（債権法）の改正」が進行しており、私も興味、関心のあることで、「司法制度委員会」の「債権法部会」のメーリング・リストで送られてくる文献等に目を通すこともあるが、どうも肝心の頭の働きが鈍り、根気も続かず、思うようにお役に立てず申し訳なく思っている）。

（聖訓）

自分にしてもらいたいと望むとおり、人にもそのようにしなさい。

新約聖書　ルカ伝第六章第三一節

第一〇章　予防法学

一　顧問会社の開拓

弁護士は紛争解決が主な仕事と思っている弁護士、一般市民も多いのではなかろうか。「法の支配」が徹底し、国民が法律に従って行動し法律違反が生じないことで紛争のなくなることが理想であり、イェーリングのいう「法の目的は平和である」ことは誰も疑問のないところであろう。

しかし、毎日のように法律違反、犯罪が起きている。これは社会の病理現象である。残念ながら将来もこれらが絶えることはないであろう。

そこで、弁護士としてはまず紛争が起きないように予防することに意を用いるべきであろう。そこに予防法学の出番がある。予防法学として弁護士に最も期待されることは、顧問会社を開拓し、その会社の法律相談を受けることである。

日本ではまだ顧問弁護士を依頼するという考えは大企業は別として中小企業では一般化していないように思える。最近は、中小企業の経営者の感覚も変わってきているようにも思えるが、顧問会社の開拓は各弁護士個人の腕の見せ所であろう。私はその一つの方法として、弁護士を開業した頃は、特定の企業の知り合いができた時には、法律相談を無料として対応し、ご縁ができ、無料では申し訳ないからとその会社から申入れがあったときに、話し合って定期に決まった料金をいただくことにした。少しずつ知り合いが多くなり人間関係ができてくると、顧問会社として紹介されることも多くなってくる。顧問関係は信頼関係であるから、紹介される場合には、紹介者に迷惑のかからないよう、また、紹介された顧問会社に紹介者が感謝されるように人格的にも、法律知識の点でも自信をもっていることが大切である。この点の自己研鑽については後述する（第一二章）。

二　予防法学の内容

予防法学の内容としては、法律相談、契約書の作成や点検が主なものと考えるが、法律に関する講演なども含まれるだろうか。

法律相談といっても、民事、刑事両方あり、私は民事事件専門であるが、刑事事件の質問も受けるときがある。このとき民事事件専門だからわからないとの回答は、横浜の多くの街医者スタイルの事務所では通用せず、簡単な、あるいは、あまり困難でない事例は回答できる程度に日頃その知識の習得を心がけておくべきであろう。また、民事事件についてもしかりで、その分野は広いことから、ほとんどの分野の文献をそろえ、知識の研鑽を積んでいる。顧問会社もその業務分野が異なると相談される内容も異なることから、できるだけ広範囲の分野の法律書を備え、顧問会社の法律相談には支障を来たさないように努力してきた。弁護士になったら文献の購入を惜しんではならない。

（格言・名言）

賢人は、妨げうる不幸を座視することはしない一方、避けられない不幸に時間と感情を浪費することもしないだろう。

バートランド・ラッセル「幸福論」

第一一章　弁護士会の委員会活動のすすめ

一　弁護士会の性格、内容

弁護士は弁護士会へ加入しなければ弁護士業務を行うことはできない。すなわち、弁護士会は弁護士の強制加入団体であり、公益法人である。

ところで、弁護士には「基本的人権を擁護し、社会正義を実現する」使命がある（弁護士法一条一項）。同時に弁護士には「誠実に職務を行い、社会秩序の維持及び法律制度の改善に努力しなければならない義務」がある（同条二項）。すなわち、弁護士法一条は一項で弁護士の使命を明らかにし、二項では、一項の使命を達成するための行動目標として、①職務の誠実な遂行と、②社会秩序の維持と、③法律制度の改善をあげている（日本弁護士連合会調査室編著『条解弁護士法〔第四版〕』（弘文堂・平成一九年）。

横浜弁護士会会則では、これを受けて「会規の定めるところにより、公益活動及び委員会の委員としての活動に積極的に参加する」ことを規定（九条の二）している。これは当然のことを規定したものであり、ともすると委員会活動に消極的な会員に奮起を促したものといえよう。

二　私の委員会活動

すでに述べているように私は横浜弁護士会入会直後から横浜市の無料法律相談への担当が認められ、積極的に同相談を担当してきた（横浜市の無料法律相談は全国的にみても早く、昭和四五年当時はその先駆け的役割を果たしていた）。

横浜弁護士会内の概略がわかってきた弁護士登録一年後くらいからは委員会活動に興味をもち始め、まず、公害対策委員会の活動に参加した。

1　公害対策委員会

私が公害対策委員会に関心をもち始めた理由は、すでに述べたように、公害は資本主義社会における企業の生産活動から派生する害悪であり、これがなくならなければ「衣食住」が満たされても「真の人間の幸せは訪れない」のではないか、資本主義社会の癌ともいうべきものでいま解決しておかないと公害はだんだん重症化していくであろうとの心配・不安からであった。折りしも昭和四五年の国会は公害国会と称されたほど全国的に公害が発生し、その解消、防止、公害被害者の救済などが問題となっていた。すでに「四日市喘息訴訟」は進行していた。

このような状況下において、横浜弁護士会公害対策委員会は、川崎の「京浜工業地帯」の工場の煙突から排出される黒煙に含まれている二酸化酸素（SO2）により、喘息に苦しんでいた人が多かったことから川崎公害の調査をすることにした（前述したが、その頃私は東京へマイカーで行くのに、東神奈川インターから首都高速道路を走行し、京浜工業地帯付近に差しかかると煙突からの黒煙が高速道路に吹きつけられ、自動車の窓は開けられず、また、窓を閉めて東京と横浜間を往復すると咽の異常（いがらっぽい）を感じた）。その結果は「川崎公害調査報告書」（昭和四九年）にまとめられた。

その後、しばらく経って、昭和五七年に至ってこの川崎公害調査に参加した有志から川崎公害訴訟提起の話がもち上がり、この有志の中には「四日市喘息」の公害訴訟に訴訟代理人として活動していた弁護士もいたことから、これら公害訴訟の専門家の先導の下に、原告の範囲、被告の範囲が詰められた。そして、原告として公害訴訟に参加する者が集まり、川崎公害訴訟原告団が組織された。被告は、京浜工業地帯に立地して操業していた会社のうち何社とするか議論し、また、川崎喘息は企業の工場の煙突からの黒煙からだけでなく、自動車の排気ガスもそれと混合して喘息に影響を与えその原因となっているとして、京浜工業地帯の横に設置されている産業道路の自動車の交通渋滞が問題となっており、これを放置していた首都高速道路公団、および、これらを改善しなかった政府の道路行政に責任があるとして国をも被告とすべきであるとの意見も多数占めた。結論としては、被告には企業、首都高速道路公団、国の三者を相手にすることになった。

私は当時公害訴訟の経験はなかったが、前記被告三者の共同不法行為により京浜工業地帯付近住民が喘息に罹患して苦しんでいたことから、企業工場からの排煙差止め、産業道路の自動車通行の改善、被告の喘息による損害賠償請求に対して、被告等三者に「共同不法行為」が成立するのか、その理論構成に特に興味があり（喘息と大気汚染との因果関係も問題であるが、この点は「四日市公害訴訟」で「疫学的因果関係」が認められ勝訴したことにより、ほぼ解決していた）、弁護団に加わり主として共同不法行為の理論構成とその立証について共同作業をした。

この訴訟は、平成元年に「差し止め請求及び国と首都高速道路公団に対する金員支払請求については棄却」、「企業に対する損害賠償については一部認容」という、他の大気汚染公害訴訟と同じ結果となった。この事件は、私が委員会活動から具体的訴訟にまで関与した唯一の公害訴訟であり、当時は「川崎に青い空を取り戻そう」とのスローガンの下、公害被害者と弁護団が心を一つに公害撲滅に尽力した時期である。

昭和四五〜四六年、私が弁護士開業したこの頃は、水質汚濁、大気汚染など公害の最盛期で、四大公害訴訟（イタイイタイ病訴訟、新潟水俣病訴訟、四日市公害訴訟、熊本水俣病訴訟）が代表とされている。私もまだ三〇代であり、元気で、気力もあったことから公害委員会の活動に熱中した。

主な活動としては、横浜弁護士会（同会の公害対策委員会の活動は熱心な先輩弁護士の活躍で全国単位弁護士会の公害委員会活動をリードしていた）、および関東弁護士連合会の公害対策委員会委員長、日本弁護士連合会の公害対策委員会副委員長として、大気汚染公害の被害者救済、公害撲滅のため、公害被害者の調査、公害の状況などをまとめて調査報告書を作成し、それを基に順次段階的に前記上位の各弁護士会主催のシンポジュウムを開催して、一般市民、国民に公害の実情とそれによる被害者救済を訴えた。昭和四九年には「四日市公害訴訟」の結果が契機となって立法化された「公害健康被害補償法」が施行されたが、その後、この法律により被害者救済が十分なされているかを検証するために、私が団長となって川崎、大阪、四日市など全国八カ所の公害被害者の救済状況を調査して「公害被害者救済はこれでよいか」との表題の「公害健康被害補償制度実態調査報告書」（日弁連公害対策委員会作成、昭和五二年五月）にまとめ関係省庁等に配布して、より充実した被害者救済を求めた。これが国会で取り上げられ、私は「衆議院公害対策並びに環境保全委員会」に出席し、「公害健康被害補償の問題点」について参考人として意見陳述の機会が与えられた（昭和五二年のことである）。

2　横浜弁護士会研修委員会での経験

(1)　弁護士が研修する意義

川崎公害訴訟の終盤は、公害事件を専門とする弁護士にお任せし、私は他に関心をもっていた弁護士研修に力を入れていた。弁護士は何といっても依頼者に質のよいリーガルサービスを提供し、絶えず研究心を忘れないで切磋琢磨し、依頼者の利益を擁護することが基本である。このことを肝に銘じ日常の業務に励んでいる弁護士も多いと思われる。しかし、弁護士全員がそうであればよいがそれを期待できないのは、どこの業界でも同じであろう。弁護士会はすでに述べたように強制加入団体であるから一人でも弁護士道（横浜弁護士会会則第二章六条〜九条）をはずれた者が出てくると、市民は弁護士全体をその目でみて批判することから、弁護士全体に迷惑をかけることになる。

市民から批判を受ける場合には、弁護士倫理に関することが多いが、研修委員会では法律の知識・実力を付けることを念頭においている。

社会生活は絶えず進歩し、法律もそれに合わせて新法が制定され、法律の改廃が絶えず行われるので、弁護士は一生勉強に追われるといっても過言ではない。現在では新法が制定され、法律が改廃されると日本弁護士連合会や各地方の単位弁護士会で研修会が開催され、各弁護士がその気になれば十分勉強できる環境にある。しかし、私が横浜弁護士会の研修委員会委員長をしていた昭和五二、五三年頃は、弁護士研修に関して現在ほどは充実していなかった。

(2)　不動産競売と強制執行法の改正

この頃、最も問題になっていたのが、不動産の競売であり、当時は法律上裁判所の判決に基づく強制競売は旧民事訴訟法六四二条以下に、抵当権などの担保権の実行による競売は競売法に、それぞれ規定されていた。最も深刻な問題は不動産競売はいわゆる「競売り」となっていたので、競売屋が「競売場」を取り仕切り、競売屋の中には暴力団ないしはそれに関連する者も多く、談合して低価格で競落して第三者に転売して多額の利益をあげる者がいた。横浜地方裁判所では旧建物の2階に「競売場」があり、毎週金曜日が競売日であったので、その日になると、競売屋らしき者が大勢集まり、異様な雰囲気が漂っていた。私は弁護士登録間もない頃であり好奇心があったので、時には、競売場の中を覗き込もうと扉へ近づくと、競売屋は弁護士である私を、競売物件の購入を希望する誰かの付添人ではないかと勘ぐり、探りを入れに近づいてきて話しかけられることもあった。特に目的をもっていないとわかると安心したように離れていったが……。今から考えると当時の不動産競売は競売屋に食い物にされていたことと、競売場に入る廊下の付近は素人が近づけない雰囲気の場所であったから、不動産競売に関する法改正の必要に迫られていた。

このような状況下で強制執行法が改正された。このように法律の改正があると弁護士会では立法担当者（通常は法務省民事局参事官）を講師に招き、解説してもらうのが慣わしであった。強制執行法の研修会の開催にあたっては、当時その参事官に面識のある方がいなかったので法務省まで出かけてお願いした記憶がある。対応いただいたのは故浦野雄幸元裁判官であった。

(3)　横浜弁護士会論集の企画

弁護士会の研修委員会として、弁護士の日常業務に役に立つような研修を運営するために、学者の先生にその時に話題となっている法律の解説をしていただいたり、特に専門分野を極めている弁護士にその分野の解説をお願いしたりして弁護士会員の便宜に供していた。

私は昭和五二年から研修委員会の委員長となっていたが、弁護士が専門分野をもつようにする一環として、横浜弁護士会で論文集を刊行することを企画した。論文を執筆することで、いろいろな分野の法律専門家が生まれ、また執筆された論文が、全国の単位弁護士会、各法学部のある大学、関係省庁に配布されることで、注目されるかもしれないとの思いからであった。しかし、当時は予算がなかったことから、会員有志に寄付を募り当時の金額で五〇万円を集め、横浜弁護士会論集創刊号の刊行を実現し、配布した。内容は次のとおりである。

○創刊号（昭五二年一〇月）

①　判例における工作物（営造物）の瑕疵による子供の水難事故　塩田省吾弁護士

②　公図に関する若干の考察　筆者

③　裁判における不動産の鑑定評価　澤野順彦弁護士

④　法人格否認の法理をめぐる判例の動向　平岩敬一弁護士

○第二号（昭和五五年一一月）

①　無国籍児問題について　谷口優子弁護士

② 判例に見る背信的悪意者の認定基準　間部俊明弁護士
③ 瑕疵ある登記申請に基づく登記の効力　筆者

○第三号（昭和五七年一〇月）
① 女性と犯罪　谷口優子弁護士
② 地方自治体と米軍との消防援助協定の問題点　間部俊明弁護士
③ 濫用的短期賃貸借に関する一考察　筆者
④ 崖地の擁壁設置とその費用負担について　塩田省吾弁護士

横浜弁護士会論集は、第三号で休刊してしまった。これはこの出版が制度化、予算化しなかったからであるが、その後近年になって横浜弁護士会専門分野論集として再出発している。私としては横浜弁護士会論集のほうが刊行物名としてふさわしく、一時停止していたことを断ったうえで、継続する形のほうが自然なように思える。

前述したところであるが、創刊号に寄稿した私の「公図に関する若干の考察」は、当時水戸弁護士会所属の弁護士がかかわっていた訴訟に参照されており、また、第二号における「瑕疵ある登記申請に基づく登記の効力」も登記官の研修資料として使われた。

他の執筆者の各論文のタイトルをみても十分に法曹の参考に値すると思うのだが我田引水であろうか。

3　業務対策委員会

(1)　関心の変化

私の弁護士会における関心は年数が経つにつれて変化していき、平成時代の前後からは弁護士がいかに国民のために役立っているか、という点を考えるようになった。私個人は、国民の役に立つにはどのようにしたらよいか、弁護士業務をなすのにいかに工夫すればよいかをいつも考えながらやっているが、私個人だけでは社会に対するアピールも希薄であることから、弁護士会を利用し横浜弁護士会の委員会活動として弁護士業務の存在価値をアピールする方向に関心が向いていったのである。そこで、業務対策委員会の活動の活性化に力を入れることにした。

年号が平成に変わる前後の日本弁護士連合会はもとより各弁護士一般は、業際（職域）関係に敏感であって、職域を問題視する雰囲気が多いように感じられた。したがって、他士業との提携・協力関係はあまり顧みられず、法律問題は弁護士に独占権があるとの考えから、弁護士法七二条に基づく弁護士法違反の取締りの風潮が強かった。

(2)　士業団体連絡協議会

私は各士業者間に業際（職域）の問題があることは十分承知していたが、弁護士だけでは市民の法的ニーズに応えられないのであるから、弁護士が他の士業の中に親しい方、フィーリングの合う方をみつけて懇意になり、お互いに協力し合って依頼者のニーズに応えるとか、お互いに専門とする業務に関する依頼者を紹介し合うといった方向のほうが市民の利益になるし、弁護士の業務も増加、拡大していくのではないかと考え、神奈川県士業団体連絡協議会なるものを思いついた。

神奈川県士業団体連絡協議会は、幹事は各士業団体の持ち回りで担当することとし、幹事が日時、場所を決めて各士業団体へ連絡するという形がとられた。昭和六二年頃第一回の協議会を横浜弁護士会が担当し、横浜司法書士会、神奈川県土地家屋調査士会、東京地方税理士会神奈川県会、神奈川県社会保険労務士会、神奈川県不動産鑑定士会、神奈川県行政書士会の七士業団体が順次幹事を担当し、一年に一回のペースで開催された。

協議会では、まず各士業団体の概略をパンフレットなどに基づき説明してもらい、どのような対外活動をしているか、当面抱えている問題は何か、弁護士との接近の方法はどうしたらよいか、知り合い、または、懇意な相談できる弁護士がいる会員はどのくらいか、のほか、今後連携して市民のニーズに応えるため協議会を継続することと、互いの協力を確認するなど、理想を語り合っていた。現在は職域問題も緩和され、他の士業団体との交流も多くなっているようだ。

神奈川県士業団体連絡協議会だけでは各士業団体間の会員同士の交流までは発展しない。そこで、お互いに気軽に相談し合える関係を築くことを目的として、会員相互の親睦会を設けることを考え、小田急沿線の弁護士と税理士とで交流会をもったことがある。各会員間には当時それほど熱意が感じられなかったように思う。しかし、弁護士としては気軽に相談なり、仕事を依頼できる各士業の方が身近に存在することは便利であり有益である。このことに関心をもって実行するか否かは弁護士個々人に任されているが、目には見えない大切なことではないか。

(3)　シンポジュウムの開催

弁護士業務対策委員会は、市民がいかに気軽に弁護士にアクセスしやすく、また、身近な存在として役に立つ、いわゆる「社会生活上の街の医師」的役割が果たせるか、その役割を果たすためにはどうしたらよいかを、調査、検討し横浜弁護士会会員に情報などを提供することを目的として設置されている。

そこで、同委員会は「期待される弁護士像」を求めて、市民、企業、会員弁護士に調査（市民にはアンケート調査、企業には面談調査、弁護士にはアンケート調査）した結果を基に平成二年二月に、市民、企業の役員、従業員、弁護士約一〇〇名余の方に横浜弁護士会五階大会議室に集まっていただきシンポジュウムを開催した。内容は以下のとおりである。

①　開会挨拶　　横浜弁護士会会長　川原井常雄
②　本シンポジュウムの意義とねらい　　業務対策委員会委員長　鈴木　繁次
③　講演「弁護士の法的サービスのあり方」（予防法的業務を中心として）

④　討　論
　　　　　　　　　　　　　　　　　　中央大学法学部教授　小島武司氏
㋑　基調報告
ⓐ　顧問弁護士活動の実態と課題（企業調査の報告）
ⓑ　弁護士へのアクセスとそのニーズ（市民調査の報告）
ⓒ　神奈川県の法律事務所（弁護士調査の報告）
ⓓ　親しまれる弁護士事務所のあり方
㋺　パネリストより
ⓐ　企業家から見た期待される弁護士像　　横浜商工会議所副会頭　金子家啓氏
ⓑ　ジャーナリストの目から見た弁護士のあり方
　　　　　　　　　　　　　　　　　　神奈川新聞社編集局次長　牧内良平氏
ⓒ　市民から見た弁護士への期待　　西川紀美枝氏
ⓓ　弁護士から見た期待される弁護士像　　塩田省吾氏
㋩　会場より
㊁　本シンポジュウムの感想　　小島武司氏
㋭　閉会のことば　　業務対策委員会副委員長　輿石英雄

このシンポジュウムは横浜弁護士会としては一般市民、企業家、学者、弁護士による、市民に開かれたものとして初めての試みであった。その成果はそれぞれ出席者一人ひとりに受け止められたものであり、会場から出た貴重な意見を心にとどめそれを実践している弁護士は成功しているものと期待している。

私としては、弁護士業務対策、そして、本シンポジュウムの主たる目的、狙いは、現代社会における職業としての弁護士の存在意義と社会的責任を、特に弁護士の法的事務独占権との関連において再検討し、市民に法的サービスを行き渡らせる方策はいかにあるべきかを探求し、市民や企業の法的ニーズにいかに的確に応えるかを考えることが、弁護士の経済的基盤の確立にもつながることをお互いに確認し合うことにあった。弁護士業務についてはその改革に向けて継続してこの種シンポジュウムなどを実施することで検証し、改革を怠らないことが大切である。

先立っての平成二三年一一月、日本弁護士連合会の「弁護士業務改革シンポジュウム」が横浜で盛大に行われた。これは前記横浜弁護士会のシンポジュウムの延長としてとらえるべきであろう。

(4)　遺言センター・ＡＤＲなど

横浜弁護士会弁護士業務対策委員会は、「弁護士業務を拡充強化の調査、研究を目的」としている。弁護士業務の範囲は広いので、その目的達成のためにはいくつかの部会を設置していた。部会の中には、その後、独立の委員会に昇格し活動してきているものもある。平成三年当時は、①企画部会、②弁護士報酬部会、③法律相談部会、④コンピューター部会、⑤仲裁センター検討部会、⑥遺言センター検討部会などが設置されていた。どういった部会をつくるかは、前記シンポジュウムなどの雰囲気からのヒント、あるいは、委員会委員のアイディアを基にまとめていた。

この中で、部会から委員会として活動することになったものや今後委員会となる期待があるものを紹介したい。

(ア) 遺言センター部会

昭和の終わりから平成に入った頃から市民の間に「遺言」についての関心が高まり、弁護士、弁護士会ではその市民のニーズに応えるべきではないかとの意見が増えてきた。東京弁護士会では平成元年に「東京弁護士会遺言センター」を発足させた。横浜弁護士会でも同様のセンターを設置できないか、東京弁護士会から関連資料を取り寄せて、業務対策委員会の「遺言センター部会」において真剣に検討した。平成三年七月には遺言に関連して市民と接する機会の多い公証人と「遺言に関する公証人会との協議会」も開催し、遺言センターの設置に向けての準備を進めた。しかし、遺言の保管（当時は「弁護士法人」はなく、自然人の弁護士事務所の継続性）の問題、遺言執行者が先に死亡した場合の問題などが詰めきれなかった。私は任期満了で業務対策委員会を離れてしまい、他の弁護士に任せることとなったが、その後「横浜弁護士会遺言センター」は平成六年一二月に設置されて活動している。

(イ)　仲裁センター部会

仲裁センターは、ＡＤＲ（Alternative Dispute Resolution：「裁判外紛争処理」あるいは「代替的紛争処理」と訳されている）を担う「裁判外紛争処理機関」である。斡旋、調停、仲裁の方法で民事紛争を解決する民間裁判所とでもいえようか。

日本人は裁判が嫌いな民族で、話し合いによる紛争解決を望むようである。仲裁センターは、当時すでに第二東京弁護士会では設置されており、好評であるようなので、横浜弁護士会でも設置を目的として、詳しい学者、弁護士を招いて、講演会、勉強会を開いて着々と準備を進めていた。

私が業務対策委員会に所属する間には、設置にかかわることはなかったが、現在、仲裁センターは設立されその後継続して運営されている。

現在は、「紛争解決センター運営委員会」が業務を行っており、私も「仲裁人候補者名簿」に登録されている。そのため、時には紛争解決業務を行っている。紛争を迅速に解決したい場合には裁判所に訴えるよりも仲裁人が臨機応変に対応できるので、「横浜弁護士会仲裁センター」への申立てをすすめたい。まだまだ、申立件数は少なく、弁護士はこのセンターを十分に活用できていないようである。依頼者に対する迅速解決はいかにあるべきかを再考すべきではないかと思っている。

なお、この仲裁制度は、「製造物責任法」（通称ＰＬ法）が制定されたことを機に、多くの

ADR機関が設立されている。古くは建設業法に基づき各都道府県に設置されている「建築工事紛争審査会」、あるいはモータリゼーションの進展に伴い交通事故が多くなったことによる「財団法人交通事故紛争処理センター」がありすでに認知されているところでもあるが、最近では非常に多くのADR機関が存在しており、市民にとってADRの選択肢が増えて、便利になっている。その反面、各ADR間ではいかに市民に利用してもらうか競争になっているといえよう。

(ウ) 弁護士報酬部会

今も変わらないかもしれないが、弁護士に対する市民のアクセス障害の一つには弁護士報酬のわかりにくさ、弁護士に依頼するといくら請求されるかわからないとの点がいつも問題になっていた。そこで弁護士報酬部会では市民のこの不安を解消するため、あるいはこの疑問に応えるため簡単な事例を基に、弁護士報酬がいくらになるかを、わかりやすく、理解しやすいように漫画のような挿絵を入れたパンフレットを作成して、自治体の無料法律相談会場や弁護士会に置いて市民が自由に手に取ることができるように配慮した。パンフレットは、理解しやすいように市民の感覚を取り入れるべく専門家にも相談して作成した。

弁護士報酬の問題に話が及んだので、報酬規程の変遷について述べておきたい。

日本弁護士連合会の従来の弁護士報酬規程は平成一六年四月に廃止され、その後は、「私的独占の禁止および公正取引の確保に関する法律」(いわゆる独占禁止法)に照らし、弁護士報酬の標準を示す規定を定めることができなくなった。それに伴い日本弁護士連合会は弁護士報酬について標準を示さず、平成一六年二月「弁護士の報酬に関する規程」を定め、報酬に関し弁護士が遵守すべき事項を定める会規を整備した。それによると「弁護士の報酬は、経済的利益、事案の難易、時間及び労力その他の事情に照らして適正かつ妥当なものでなければならない」（二条）との趣旨により、弁護士の報酬に関する基準の作成を各弁護士事務所に任せ、今日に至っている。したがって、弁護士報酬に関しては、現在はその基準を各事務所で作成しているが、私は日本弁護士連合会の旧標準に準拠している。多くの弁護士事務所も同様に考えているものと思われ、いまだ過去の報酬基準が、各事務所の弁護士報酬基準となっていると考えている。弁護士報酬についてはあらためて後述する（133頁）。

(5)　横浜地方裁判所第三民事部、第六民事部との懇談

業務対策委員会としては講話の機会等も設けるが、弁護士は裁判官の講話に関心が高く、裁判官を講師として招くと会員の出席率がよくなる。横浜地方裁判所においては第三民事部は保全処分、債権執行、競売、破産など弁護士にとって身近な業務に関係しており、第六民事部は交通事故専門部としての役割を担っている。

保全処分については、保証金の問題、破産事件については予納金、破産管財人の許認可の件など知っておくと便利なことがあり、第三民事部にあらかじめ質問事項を提出しておいて、当日には、質問への回答を中心として講話をしてもらい、その後質疑応答をして会員の理解

を深めた。このように裁判官との懇談会は好評であった。

交通事故訴訟は、日弁連交通事故相談センター東京支部編『損害賠償額算定基準』（通称「赤い本」）と、日弁連交通事故相談センター編『交通事故損害額算定基準』（通称「青本」）が、交通事故損害賠償の算定（相場づくり）に貢献し、訴訟外でも裁判の結果を見通せるようになった。そこで、横浜地方裁判所第六民事部の考え方について、あらかじめ質問事項を提出し、当日その回答を中心に講話してもらい、その後質疑応答をして会員の理解を深めた。昭和の時代は定型的な交通事故の損害額算定について今日ほど一般化されていなかったので、このような裁判官との懇談会が会員には有益であった。

4　まとめに代えて——委員会開催通知のあり方

以上が委員会活動のうち私が特に関心をもって弁護士会のため、あるいは一般市民が弁護士を身近に感じ役に立つようにとの思いで取り組んできたものである。委員会の委員全員の協力により活動してきたものであり、私一人では、何も実現できなかったであろう。当時いっしょに活動してきた委員全員に感謝している。

ただ、当時は、委員会の開催にあたり、開催日の数日前に、日時と簡略な議題だけを通知していた。そのため、委員の委員会への出席率は低かった。私は、関係した委員会の通知は、委員会終了後、当日の委員会の経過（どのような議論がなされたか、その内容の概略）とともに、次回委員会の議題内容を事務所で清書して、弁護士会事務局に送り速やかに発送してもらった。こうすることで、当日欠席した委員にも早い段階で次回の委員会期日を伝えることができ、何が議論されるのかあらかじめ予定して出席できるので一石二鳥である。当時は、弁護士会事務局の担当者は委員会に出席しておらず、委員会は委員長任せであった。現在は、弁護士会事務局も充実していて、委員会に出席していることから、委員会の開催通知は当時私が試みていたとおりになされている。委員会活動の充実のためには結構なことである。事務局の充実は、一方で人件費がかかり、横浜弁護士会の財政を圧迫することになるが、国民のための弁護士会を標榜するためには痛みを伴うことも、会員は覚悟すべきであろう。

（格言・名言）

多くの人々に幸せを与えること以上に、崇高で素晴らしいものはない。

ルートヴィヒ・ヴァン・ベートーベン

第一二章　自己研鑽を怠るな

一　自己研鑽の必要性

弁護士は何といってもまずは法律の専門家として各種法律に精通していることが必要である。法律は制定された後、社会生活の進展、あるいは変化により、改正されたり、新たな法律がつくられたりすることは、日常茶飯事である。

弁護士はこれら法律の改正、新法の制定に敏感に対応して絶えず最新の法律に精通していること、新判例を理解しておくこと、学説や学会の動向に関心をもつことなどが要求される。法律の改廃、新法の制定は弁護士の生涯にわたってなされることであるから、弁護士を含む法曹は一生涯自己研鑽を怠ってはならない。

二　私の自己研鑽

以下私が自己研鑽として行ってきた主なもの、すなわち、①各種の学会への入会、②勉強会の主宰、③十県会（関東十県弁護士連合会）の夏季研修、④顧問会社の弁護士研修会、⑤横浜弁護士会研修委員会活動を取り上げてみたい。

1　各種の学会への入会

(1)　入会学会の種類

弁護士は依頼された事件の法律問題の調査、研究をすることによって実力がついてくるがそれだけでは足りない。弁護士が受任した事件で先例もなく、学説でも論じられていない事件は意外に多い。そのようなときには手がかりになるものを探すことになる。学会では、私法学会のように民法、商法分野において一歩先んじてそれらの改正に関するシンポジュウムを開催したり、個別の研究報告でも先進的なものもあって参考になる。出席できなくともそれらが機関誌「私法」として送られてくるので随時目を通すことができる。年会費も五〇〇〇円程度の学会が多く、それほど負担にはならない。このような考えから私は、①日本私法学会、②日本民事訴訟法学会、③日本交通法学会、④日本土地法学会、⑤日本マンション学会、⑥日本賠償科学学会、⑦全国倒産処理弁護士ネットワーク、⑧日中法律家交流協会に参加している。

日本交通法学会の機関誌（「交通法研究」）は交通事故事件処理に参考となる論文が掲載されており、日本賠償科学学会も交通事故による医学問題（特に交通事故との因果関係や、後遺症など）の研究を目的として設立され、当初は日本賠償医学会の名称であった。この学会の機関誌（当初は「賠償医学」であったが、現在では「賠償科学」になった）も、交通事故とそれによる傷害や後遺症との因果関係に関する論文が掲載され、事件処理に参考になった。

(2) 日中法律家交流協会

日中法律家交流協会は、昭和四七年九月（一九七二年）田中角栄首相（当時）が日中国交正常化共同声明に調印した年の二年後の昭和四九年に、中日友好協会の招待により元日本弁護士連合会会長柏木博氏を団長とする第一次日本弁護士訪中代表団の訪中に始まった。昭和五四年九月に、中国の国務院に司法部が復活してからは、中国は司法部と中日友好協会の招待、日本側は日中法律家交流協会の招待により、毎年交互に往来し交流が始まった。私は後記四人組失脚後、中国の司法部が復活した昭和五四年の第七次と、その三年後の昭和五六年一〇月の第一〇次日本弁護士訪中代表団に参加して訪中し、中国の律師（弁護士）と意見交換した。

当時の中国は、毛沢東主席の死去（昭和五四年九月）後、同主席の妻江青女史を含む四人組が支配し、この四人組が失脚した後はそれ以前の法律は無効として効力がなく、法律はすべて制定し直さなければならない状態であった。そのため、国民生活に必要な法律、外国との取引に必要な法律から制定し始めていた。たとえば、中外合弁企業所得税法、個人所得税法、婚姻法、国籍法などは先に公布されていたが、民法の他の部分やその他の法律は外国の法律を参考にして順次制定していく予定になっていた。それを知ったことから、昭和五九年の第一三次前記訪中団に参加した時には、川島武宜先生も参加されていたこともあり、川島先生の名著『所有権法の理論』（岩波書店・昭和二四年。その後、新版が昭和六二年に刊行されている）を中国の司法部に一冊献呈した。共産主義国家でありながら改革開放政策（市場経済政策）を取り入れている中国としては、個人財産として所有権の範囲を定めるのに大いに参考になったのではなかろうか。そのほかにも前記訪中団に加わり中国を訪れているがその内容については割愛する。

2　勉強会の主宰（幹事）など

(1)　横浜法律研究会

私が弁護士になってからの数年間は、勉強会として、同期の弁護士が一カ月に一回集まり、持ち回りで法律雑誌である判例時報に掲載された判例を題材として議論していた。

その後、年月が経つにつれて仕事が多忙となったこともあって、その回数も減少していったことと、大学の教授や、実務家として裁判官や検察官にも参加してもらって議論できる勉強会を開催できれば理想であると考えたこともあり、その開催に向けて呼びかけを始めた。

まず、横浜市の公害健康被害認定審査会（すでに述べた、昭和四九年頃、横浜市において鶴見区が汚染地域と指定されたため、患者の喘息と大気汚染との「因果関係」と「症状の程度」を判断するため医師と法律家で構成された審査会）において、横浜市立大学から推薦された桜井節夫教授と面識があったことから、同大学の有志教授に参加してもらい「横浜法律研究会」を設立した。この研究会を長く継続させるため、あまり無理なスケジュールではなく、二カ月に一回の割合で学者と弁護士が交互に、発表者の選択したテーマの研究発表会を行ってきた。この研究会も年月が経つにつれて出席者も少なくなり、存続が危ぶまれようとしていた折、神奈川大学の萩原金美教授から同様の趣旨の研究会を発足させることについての相談があったことから、消滅寸前であった横浜法律研究会を発展的に解消し、次の研究会を創立することとした。

(2) 湘南民事紛争処理研究会

萩原教授は非常に熱心で研究会の「実施要領」案を作成し、①研究の対象と方法は、「刑事を除く最広義の民事紛争を実体法、手続法（理論と実務）の両面から研究する」こととし、②研究会の名称は、「湘南民事紛争処理研究会」とし、③会員は神奈川県在住、在勤の法曹、学者、広義の法律実務家とし、④日時と場所は横浜弁護士会において、原則として月一回とし定例日を設ける、⑤発表者は一回に実務家、学者の二人とし、一人の持ち時間は一時間、⑥会費は原則としてなし、⑦事務連絡は実務家側は鈴木繁次（筆者）法律事務所、大学側は東海大学吉野正三郎研究室または神奈川大学中山幸二研究室と概略定め、呼びかけ人として六名（西村宏一（元福岡高裁長官、東海大学教授）、鈴木禄弥（東北大学教授を経て東海大学教授）、山田卓生（横浜国立大学教授）、塩田省吾（弁護士）、萩原金美（神奈川大学教授）、筆者（弁護士））の承諾を得た。

前記六名の呼びかけ人の連名で、「湘南民事紛争処理研究会へのお誘い」と題したビラを平成元年一一月横浜弁護士会会員、神奈川県下の各大学関係者、横浜地方裁判所の裁判官に配布した。同年一二月二日には、横浜弁護士会五階大会議室において、呼びかけ人の一人である鈴木禄弥先生に「有限責任と無限責任」との表題で記念講演をいただく盛大な発会式を開催し、あわせて同三階の中会議室で懇親会を行った。発足当初は一〇〇名余の会員が集まった。

この研究会は発表者の好きなテーマを選んで発表することとしたので、弁護士は自分が事件処理に際して研究した法律問題、あるいは、当時継続中の訴訟で問題になっている点など、実務中心のテーマが多く、それに学者が解析あるいは回答するなど弁護士にとって非常に参考になった。学者は当時研究していた内容で実務的には弁護士に関心の薄かった問題、諸外国の法律との比較法的問題、あるいは当時の時事的な法律問題も取り上げ、私などは頭の訓練として大いに議論した。これらの研究発表のテーマと発表者名は中山幸二教授により日本民事訴訟法学会の機関誌「民事訴訟雑誌」に掲載しているので参照していただきたい。

研究会の出席人数も最初の頃は二〇数名おり、裁判官の出席もあったが、時間の経過とともに少なくなっていった。出席者の減少は予想されたものであったが、私と萩原教授は二名以上出席者があったら継続しようと考えていた。幸いなことにある時期から、退官された裁判官（蕪山巌先生、大石忠生先生など）が常連として出席されるようになり、議論を盛り上げていただいたことが研究会継続の大きな要因であり、後輩の勉強になったことを感謝している。

私は、長く継続させるために、研究会の回数を二カ月に一回の割合とし、毎年第一回目は、新年会を開催して懇親を深めていた。また、弁護士の発表者を年頭に決めて事前に連絡し、担当していただいていた。その後、平成一六年神奈川大学法科大学院教授となり時間が確保できなくなったことから、幹事を交代したが、現在もこの研究会は継続している。

弁護士にとっては、事件で難問を抱えているときに、この研究会に参加し、学者の考えを聞くと解決できるかもしれない。この研究会の存在自体を知らない弁護士も多いと思われるので、この場をもってその存在をお知らせすることとしたい。湘南民事紛争処理研究会は、平成二四年一月現在、一四一回目を数えた長寿の勉強会である。関心のある方は現在の弁護士側幹事の竹森裕子弁護士または彦坂敏之弁護士に連絡いただきたい。多くの方に参加いただいてこの研究会をいつまでも継続していってほしいと願っている。

3　十県会夏季研修と出版

(1)　昭和四九年夏季研修

十県会はすでに述べているように関東一〇県の弁護士会連合会（任意団体）の略称であり、持ち回りで毎年一回夏季研修会を開催している。横浜弁護士会も一〇年に一回研修会を担当してきた。

私が入会して二〜三年くらいの時に、昭和四九年の夏季研修会を横浜弁護士会が担当することを知った。通常は、開催の三年前にその準備委員会を立ち上げ、一年をめどにテーマ（研究分野）を決定し、執筆にとりかかることになっている。私が横浜弁護士会に入会した当時は、この夏季研修会が始まった頃であり、昭和四九年は実質第一回の研修会であったようである。

当時準備委員会の活動も活発ではなく、共同作業ではまとまらず、個人が担当することとなった。塩田省吾弁護士は、「借地、借家に関する諸問題」として詳細な研究報告書を作成され、ほとんどの問題点を網羅されていた。書籍として出版することをすすめたが、実現しなかった。一方の私は、「弁護士費用の賠償」を取り上げて報告したが、その分量は、出版するほどではなかった。

(2)　昭和五九年夏季研修——表見代理

昭和五九年に再び横浜弁護士会に夏季研修会の担当がまわってきた。私はこの時も準備委員会に入り、例によって研究発表する分野を検討した。この十県会の夏季研修会で取り上げるテーマは、実務的であり、裁判官も参考にしているとの噂を聞いていたので、裁判官の参考になることも考慮して「表見代理」に関する判例をすべて整理してその動向を探ることとし、準備委員会に提案し承認を得た。条文のないところの穴埋め（まだ判例のない部分についての将来予測）し、調査、研究することが将来の参考にもなると考えたものである。

同時に、二〜三年かけて「表見代理」について何十人かで熱心に調査、研究したことから、この成果を、関東一〇県にとどまらず全国の法曹に参考になるようにすべきであると考え、書籍として出版することを提案した。そのためにはいい加減な内容では出版社が引き受けてくれないと思い、まず、詳細な目次を作成した。「表見代理」をテーマとしたことから金融機関が関心を示すと思い、金融財政事情研究会に持ち込んだところ、出版を引き受けてもらい、準備委員会に報告し了承された。

調査・研究の成果が出版されることになったため、準備委員会の委員の力の入れようが変わり熱心になった。表見代理に関する過去の判例をすべて集めることとし、まず、昭和三八年までのものは、『総合判例研究叢書』（後藤清著・有斐閣・昭和三八年）によることとし、それ以後のものを手分けして集め、班ごとに分析を開始した。

私は手元にある文献の孫引きを頼りに目にとまった表見代理の文献はすべて取り寄せた。全国の大学紀要に掲載されていたものも送付してもらった。これらの論文をすべて読破し、理解を深めたうえで、総論部分を書き上げた。

この頃、私は働き盛りであり、他の担当者の執筆部分も加筆・訂正し、満足のいく著書を完成させることができた。共同執筆者全員の協力を得て刊行に至った『表見代理の判例と実務』は評判がよく、聞くところによると司法研修所（司法試験合格者が二年間（当時。現在は一年間）実務研修を受けるところ）の推薦図書になったとのことである。

横浜弁護士会が、夏季研修の成果を出版したことは、十県会の各弁護士会によい刺激と影響を与え、その後夏季研修を担当した弁護士会もまた、その成果を出版するようになり、十県会以外の弁護士や裁判官の参考となっている。その先鞭をつけることができたことは、私の自慢の一つであると密かに思っている。

(3) 平成六年夏季研修――差止訴訟

さらに一〇年後の平成六年八月には、『差止訴訟の法理と実務』（第一法規出版・平成六年）の執筆と編集に関与した。これまでの訴訟は、被害が発生した後の事後救済訴訟が中心であったが、これからは被害の発生を予防し、あるいは発生している被害を最小限にとどめる「差止訴訟」が中心になるべきである。すなわち事後救済型訴訟から事前予防型訴訟へと移行すべきであるとの観点から「差止訴訟」をテーマに選んだ。

ところが、「差止訴訟」については、特別な法律があるわけではなく、判例や学説を分析することが研究・調査の中心となったが、その対象分野は、民事、商事、行政、労働、知的財産権、不正競争防止法、独占禁止法と広かった。班ごとに執筆を分担したが、執筆者の熱意にも濃淡があり、論点ごとの打合せも不十分な点があったこともあって、まとめ役の私にとっては満足のいくできばえとはいいがたいものであったが、当時としては類書のない差止訴訟に関する総合的研究書を刊行することができ、執筆を担当した弁護士にとっては非常に勉強になったのではないか。また、読者にとっても参考になったのではないかと密かに期待している。

(4) 顧問会社の勉強会——自己研鑽の大切さ

私は、昭和四七年頃、N損害保険会社から顧問弁護士を依頼された。その後他の損害保険会社の顧問も依頼されているが、N会社の毎年一回開催される全国顧問弁護士会議において議論される法律の勉強会は、出席弁護士の質が高く毎回充実した内容であった。私も研究発表を依頼され、自動車損害賠償保障法に関する「共同運行供用者の他人性について」（昭和五三年）をまとめた。毎回出席し助言をいただいていた保険法の大家である法政大学の故西島梅治教授に褒められ自信を強くした経験がある。自己研鑽はどのような場でもその気になれば能力アップにつながると思う。

4 弁護士会論集や法律雑誌への投稿

すでに述べたが、昭和五〇年代、横浜弁護士会としては予算の関係で論集の刊行はできなかったが、有志で資金を集め「横浜弁護士会論集」を発行していた（近年に至って制度化して「専門実務研究」として刊行が実現している）。

論文を書くことはテーマごとの知識を体系的に整理する能力を養えると考えている。既述のとおり私は、横浜弁護士会論集に論文を投稿していた。法律雑誌への投稿は少ないものの、前記湘南民事紛争処理研究会における発表当番に際しては、前述の「鞭打ち損傷」のメカニズムを法律家の目線から解明しようと試み、その症状の特徴、その治療方法、治癒期間などをまとめ、それらに対する損害賠償のあり方を提言した。その後、これを『鞭打ち損傷と損害賠償』として刊行したことも前述のとおりである。

5　裁判官、学者、実務家の勉強会

横浜地方裁判所に「強制執行法」の立案担当者であった浦野雄幸判事が赴任してこられてから、浦野判事を中心に（というよりも浦野判事の呼びかけで）学者、弁護士、銀行の債務整理担当者、保障協会の実務家が集まり、横浜市関内のＹ銀行の集会所で、一～二カ月に一回のペースで勉強会が開催された。

浦野判事としては、理論と実務の関係を深めたかったのだと思われる。当初は浦野判事が毎回自分の専門分野である民事執行関係の問題を報告され、それを基に議論がなされた。しばらく経ってから出席者が持ち回りで問題提起をするようになり、私も昭和三八年にアメリカから輸入され、その後昭和四〇年から同五〇年代に急激に拡大した「リース取引」のしくみや「リース契約」について研究発表をした。

この「リース取引」はその後も拡大、成長し続け今日に至っている。この勉強会当時は、「リース契約」についてさまざまな問題があった頃で、リース契約の理論はリース会社の顧問弁護士などの実務家がリードし、リース会社の都合のよいようになっていた。その後は契約約款が改正、整備されているので、あまり問題は生じていないようである。現在進行している「民法（債権法）部分」の改正論議においては、「リース契約」を法文化する方向には進んでいないようであり、取引実務に任せるようである。

余談であるが、浦野判事は前記のように民事執行法を改正し不動産競売の浄化、近代化に取り組み一般市民も落札しやすいようにした。そこで、不動産鑑定士とも勉強会あるいは連絡会をもって、不動産競売の「横浜方式」を試みられた。競売不動産の最終ユーザーである一般市民が落札しやすいように横浜銀行など神奈川県下の金融機関とも話し合いをし、一般市民が競売不動産を落札したときに住宅ローンを設定しやすいように、制度化しようとされたが、その成約件数はいまひとつで成功しなかったようである。一般市民にとって競売物件はリスクが大きいとの観念が払拭できないのであろう。結局、不動産競売物件は業者（不動産業者）が落札したうえで、瑕疵がないようにして最終ユーザーに売買する形態が一般化し、そのため、業者の落札価格もその瑕疵の除去するための費用を考慮して市場価格より安くせざるを得ない状況にある。この点は弁護士にも一半の責任があり、一般市民の依頼を受けてその不安を解消し最終ユーザーが落札しやすいように手助けすることでその役割を果たすことはできるが、最終ユーザーからの依頼を増やすにはどうしたらよいか、その情報提供を担い、世論を喚起することが大変なのであろう。「横浜方式」については、これからでも取り組もうと思えば不可能なことではない。当時の状況を知りどのような制度、しくみであったかを本書で紹介したいと思い、調査したが浦野判事は亡くなられており、当時関係したと思われる不動産鑑定士に聞いてみたが、直接関与していないので正確なことはわからないとのことであった。そのほか、当時の横浜地方裁判所第三民事部の不動産競売係を担当していた書記官を探してみたが、裁判所でもわからないとのことであった。当時でも、現在でも、「横浜方式」のような制度があれば不動産の最終ユーザーにとっては便利であろうと思われるが幻に終わったようである。

（格言・名言）

人間が進歩するためには、まず第一歩を踏み出すことである。

本田宗一郎「一日一話」

第一三章　法曹の選抜――旧司法試験考査委員（民法）の経験から

一　旧司法試験考査委員に選任されて

私が司法試験に合格したのが昭和三八年であるから、その前二～三年は、受験生として人生で最も勉強した頃といえようか。その頃、受験生が読破した基本とすべき教科書は、憲法は宮沢俊義先生の『憲法Ⅱ』（法律学全集・有斐閣・昭和三四年）、清宮四郎先生の『憲法Ⅰ』（法律学全集・有斐閣・昭和三二年）、民法は我妻栄先生の『民法講義』（全7巻）（岩波書店）、刑法は団藤重光先生の『刑法綱要総論・各論』（創文社・総論は、昭和三二年、各論は、昭和三九年）、木村亀二先生の『刑法総論』（法律学全集・有斐閣・昭和三四年）、商法は石井照久先生の『例解商法Ⅰ・Ⅱ』（白桃書房・Ⅰは、昭和三九年・Ⅱは、昭和三八年）、手形小切手法は鈴木竹雄先生の『手形法・小切手法』（法律学全集・有斐閣・昭和三二年）、民事訴訟法は兼子一先生の『民事訴訟法体系』（酒井書店・昭和二九年）と三ヶ月章先生の『民事訴訟法』（法律学全集・有斐閣・昭和三四年）、刑事訴訟法は平野龍一先生の『刑事訴訟法』（法律学全集・有斐閣・昭和三三年）などであり、受験生にとってはこれらの先生が旧司法試験考査委員もされていて神様のような存在であった。私はそれから二〇年余経過した平成八年に司法試験考査委員（民法）となった。このような役目を依頼されることは、全く予期しないことであって大変光栄なことであった。そして、幸いなことに前記浦野雄幸判事の勉強会で共に研究したK教授が民法の同委員をされていたため、いく分安心感があった。

二　試験問題づくりと採点

当時民法の旧司法試験考査委員は二〇名（学者一〇名、実務家として司法研修所の民事裁判教官八名、弁護士二名）であり、短答式試験の作問は、一月の正月早々から始まり、委員一名が二問ずつ持ち寄り、約一〇回の会合を通して念入りに検討した。それが終わると間もなく論文式問題作成会議開催の通知がきて、委員一人一問ずつ持ち寄り、二〜三回の会議で出題の問題を決定していた。

私が司法試験の受験時代に司法試験考査委員に対し描いていたイメージは、学会、実務家ともに第一人者であると思っていた。

また、司法試験の合否は受験生の人生を変えるほどの重みがあるからその任期中はその重責を果たすべく、日常はいつも、短答式試験や、論文式試験の問題づくりが絶えず頭から離れなかった。口述試験においては廊下で待っている受験生の不安な時間をできるだけ短縮すべく受験生一人に対する質問時間を短くするよう努力した。論文式試験の採点は学者委員と実務家委員の二名が同一の答案を交互に採点することとし、暑い時期であったが受験生の人生を左右することを常に念頭におきながら、判読に苦しむ答案も時間をかけて読み込んだ。任期最後の年の論文式試験の採点の時は終わり頃体調を崩すこともあったが、十分に責任を果たしたと思っている。判読に苦しんだ答案は何回も読み返した。それによって採点に差をつけるようなことはなく、採点はあくまで内容次第である。

私のように信仰をもっていると天から神に見守られているとの気持ちがあるので手抜きはできない。

三　試験答案と内容

論文式試験の採点に際して最も記憶に残っていることは、同じような内容の答案が多かったということである。焦点が合っているところも、間違っているところも似通っていた。これは受験予備校の教え方の影響が大きいと思われる。五〇〇〜六〇〇通の答案を採点すると、優良答案が約五％、不良答案がその倍くらい、その他は内容があまり変わらない紙一重のものが多かった。集計してみると、見事に放物線を描くのである。司法試験は受験者の人生を変えるほど重要であることを考え、見直しを苦にせず、公平とバランスを心がけた。暑い時期に同じような内容の答案を、神経を集中して読むことは大変な労働であるが、司法試験答案の採点については、細心の注意を払った。

四　司法試験改革案

司法試験は本来は資格試験であるが、司法修習生の研修費の関係で競争試験となっている。しかし、医師と同じく資格試験にできないものかといつも考えており、そのような日がいつかくることを期待したい。

また、合否判定の方法として、法科大学院の設置を機会に、理論と実務を架橋する教育がすでに実施されていることを考え（私は法科大学院を修了して、そのまま実務についても十分に仕事ができるように誠心誠意自信をもって講義をしてきた）、もう少し試験問題を簡略にして司法に人材が集まるようにしてはどうかと思っている。その試案として短答式試験程度で合否判断を行い、合格率をあげて法曹界にも人材が集まるように配慮すべきではないかと考えている（127頁参照）。この点については法曹人口論、司法改革にも関係するので後述する。

（格言・名言）

伸びる時には必ず抵抗がある。

本田宗一郎

第一四章　司法改革に関する所感

一　司法改革の推移

司法改革については昭和三七年に設置された我妻栄先生を会長とする「臨時司法制度調査会」（以下、「我妻臨調」という）でも議論され昭和三九年八月に意見書が内閣に提出された。私はその頃司法試験の受験中であって、昭和三八年の合格であるから「我妻臨調」の最中であったことになる。したがって「我妻臨調」の中での議論の詳細については記憶はないが、合格したその翌年から毎年合格者を一〇〇名ずつ増加していくとのうわさを耳にしていた。その後「我妻臨調」の資料を読む機会があり調査してみると、「我妻臨調」の「設置動機」は、訴訟遅延の早期解消、裁判官と検察官増員のための任用と給与制度の改善、法曹一元化の再検討などであった。

日本弁護士連合会では、「我妻臨調」において「強調したのは法曹一元化」であったが、「我妻臨調」では二年かけて調査、検討した結果、「法曹一元化はわが国においても望ましい制度であるが、その実現のための基盤整備がいまだ成されていないから、現段階においては現行制度改善と、その基盤の培養について十分の考慮を払うべきである」との提言がなされた。

法曹一元化のための基盤培養には法曹人口の増加、物的設備の拡充がなされるべきであり、法曹人口の増加のためには、司法試験合格者を増員させるべきである。毎年の合格者数を五〇〇人程度に抑えたため訴訟遅延の解消はならず三〇年余を経過してしまった。私は、司法にとっては失われた三〇年であると考え、誠に惜しい年月を空費したと思えてならない。「我妻臨調」の答申から毎年司法試験の合格者を一〇〇名ずつ増やしていたならば、あるいは法曹一元化は実現しているかもしれない。

二　司法制度改革審議会の設置

上記空費期間を埋めるべく、(私にとってはこのように思える) 平成一一年七月に佐藤幸治先生を会長とする「司法制度改革審議会」(以下、「佐藤改革審」という) が設置され、二年の調査審議を経て平成一三年六月にわが国の司法制度の全般にわたり「国民の期待に応える司法制度 (制度的基盤の整備)」「司法制度を支える法曹のあり方 (人的基盤の拡充)」「国民的基盤の確立 (国民の司法参加)」を三つの柱とする大幅な改革の提言がなされた (佐藤会長談話)。

この三つの柱のうち主として「司法制度を支える法曹のあり方 (人的基盤の拡充)」について私の所感と経験を述べたい。

私は法曹として司法の世界の中で生きることになり、判事補の時代も含め特に弁護士になってからは、自分の属する職業が国民生活にいかに役に立つか、法曹の仕事が国民の生活に役に立つようにするにはどのような生き方をすればよいかについて、いつも悩みながら業務を続けてきた。

「我妻臨調」から平成二年までの二六年間は、司法試験の合格者数は、毎年五〇〇人前後に抑えられてきたので、民事訴訟についていえば訴訟の進行にはみるべき進展がなかった。

すでに述べたように、私は再建型倒産事件にかかわる機会が多かったが、それと比較して民事訴訟の準備を楽に感じていた。なぜなら、会社更生事件を担当し、保全管理人に選任されると直ちに会社へ直行して従業員を集め、会社更生の手続を説明してその不安をやわらげ、有能な従業員が会社を去らないように配慮し、従来どおり会社更生法の枠内で業務を継続できるようにしなくてはならない。保全管理人が従業員から法律問題の質問を受けたら直ちに決断し、回答して会社の営業を継続する必要がある。スピードが求められるのである。一方で、民事訴訟では法廷で裁判官から釈明があっても次回に書面で回答します、として先送りすることができた。このような訴訟進行に慣れてしまうと違和感を感じながらもそれで仕事はまわっていく。

三〇年弱のツケがたまり、社会経済の進展と合わなくなり「佐藤改革審」が設置されたと考えている。その提言により、司法制度を緊急に改革する必要性に迫られたといってよい。

三　法曹人口の増加の必要性

「佐藤改革審」の提言では法曹人口について、大幅な増加、すなわち、①現行司法試験合格者数の増加に直ちに着手し、平成一六年には一五〇〇人の合格の達成をめざすべきこと、②法科大学院を含む新たな法曹養成制度の整備の状況などを見定めながら、平成二二年頃には新司法試験の合格者数の年間三〇〇〇人の達成をめざすべきこと、③このようにして法曹人口の増加を図り、おおむね平成三〇年頃までには、実働法曹人口は五万人規模に達成することを見込む、との提言がなされた。

平成三年から司法試験合格者数は増加に転じ、平成一一年には一〇〇〇名に至り、「佐藤改革審」の意見書が提出された平成一三年当時も同数程度であったが、それでも国際比較における国民一人あたりの日本の法曹人口の比率は少なく、また、日本においては今後、国民生活のさまざまな場面における法曹の需要は、量的に増大するとともに、質的にますます多様化し、高度化することが予想されるとして「佐藤改革審」では法曹人口増員の提言を行ったのである。しかるに、近年司法試験合格者数二〇〇〇名余、法曹人口三万三五〇〇人弱、そのうち弁護士人口は二万八七八九人（『弁護士白書二〇一〇』による）の段階で、司法試験合格者の就職難を理由に「佐藤改革審」の提言の実現にストップがかかろうとしている。日本弁護士連合会も同様の傾向にある。

私は、現役から退こうとする立場にあり、現実を直視しない勝手な考えであると批判されるかもしれないが、司法改革は現状だけをみるのではなく、一〇年先、二〇年先を見据えてなされるべきものであり、以下のように考えている。

「佐藤改革審」による法曹人口の大幅な増加の提言の背景には、経済、金融の国際化の進展や人権、環境問題などの地域的課題、国際犯罪などへの対処、知的財産権、医療過誤、労働関係などの専門的知見を要する法的紛争の増加、「法の支配」を全国あまねく実現する前提となる弁護士人口の地域的偏在の是正の必要性、社会経済や国民意識の変化を背景とする「国民の社会生活上の医師」としての法曹の役割の増大など、枚挙に暇がないことをあげており（「佐藤改革審」意見書）、私も同様の意見である。加えて「法テラス」を通じての弁護士需要の増大など、これらに対応するための法曹養成は一朝一夕にしてはならない。

平成二四年二月二六日付け朝日新聞の「社説」においても、「日弁連会長選、利益団体でいいのか」と題し「会内の、仕事がないのに数だけ増えている。競争が厳しく収入も減り気味で、憧れの職業でなくなりつつあるとの声を反映し候補者両氏とも年二〇〇〇人の司法試験合格者を一五〇〇人以下に減らすよう訴えている。……はたして多くの国民は、これをどう聞くだろう。……本当に弁護士は社会にあふれているのか。人々の法的ニーズは満たされているのか。……たとえば原発事故の賠償が進まない。原因は様々だが、被災者が弁護士の助けを受けられないまま申請してくるため書類不備がめだち、和解手続きが滞っている現実があると聞く。日本企業への信頼を失わせたオリンパスの役員に法律家は一人もいなかった。国境を越えたトラブルの防止や解決を任せられる弁護士がきわめて少ない。いわゆる弁護士過疎地で、やる気のある若手が仕事を始めたら、介護や生活保護をはじめとして人権にかかわる多くの問題が掘り起こされた。……事務所で相談者が来るのを待ち、安くない報酬をもらい、法廷に出す文書を作るのが主な仕事で、あいまに人権活動も手がける。そんな昔ながらの弁護士像はもはや通用しない。……弁護士、そして弁護士会は、民間の存在ながら司法権の行使に深くかかわる。強い自治権を持ち、自ら行動を律することが期待されている。目を大きく開き、世の流れをしっかり見据えてほしい」旨の見解を述べており、私も全く同感である。

以前に医師の増加策として各都道府県の大学の一つには医学部を設置してその増加策を図った結果、医師の過剰状態を来したことがある。ところが、現在は再び医師の減少対策が問題になっている。弁護士も医師も対症療法的、短期的な対応では、理想的な増加策は見込めない。弁護士の場合でいえば「佐藤改革審」があげた弁護士需要、朝日新聞の「社説」の指摘に対応することはできないように思われる。「佐藤改革審」の「司法制度改革審議会の内閣への提出に当たって」の「会長談話」で唱えられた「司法改革に限らず何の改革でも、すべからく何らかの形での痛みを伴うものであって、それを恐れていては未来への可能性に満ちた社会を築くことは到底おぼつかない」との意見、考えに、私は全面的に賛成である。

日本弁護士連合会では、「企業の組織内弁護士に対する需要」「地方自治体の弁護士需要」に対するアンケート結果、その需要が少ないことを基に弁護士数（司法試験合格者数）の抑制を提言している（法曹人口政策に関する緊急提言（二〇一一年三月発行の関連資料））。企業の組織内弁護士の需要や自治体の弁護士需要にしてもアンケートの結果を受身的にみるのではなく、積極的に弁護士の必要性を働きかけていくべきではないか。

自治体では条例を制定するのであるから必ず法律家が必要である。企業においても昨今は不景気で先行きの見通せない時であるから弁護士の雇用など考えていない会社も多いであろうが、最近の新聞報道では不祥事を起こす企業が多く、コンプライアンス（法令遵守）の重要性が高まっている。このような現在の社会、経済情勢を鑑みると、司法試験に合格してもいわゆる就職（弁護士の場合就職を考える必要があるのか、最初から独立して業務ができるではないか、私は最初から独立してやってきた）できない弁護士は、自分を売り込むチャンスであると考えるべきではあるまいか。

そのためには実力をつける必要がある。幸いにして法科大学院はその実力をつけるための場として設置されている。司法試験に合格しても既存の法律事務所で修行する機会が与えられないかもしれないことがあらかじめわかっていれば、そのことを計算して実力をつけるための勉強に励むであろう。司法試験に合格しさえすればその後のことは各自が必死になって身に付けた法律の専門性を活かす道を考えていくものと思っている。

先進諸外国でも司法試験は合格したが既存の法律事務所で見習いを希望する者は、その希望がかなえられるまでタクシーの運転手をするなどしてその機会を待つ者もいると聞いている。私の弁護士登録直後の経験として、独立した時には、その地域にあまり人間関係がなかったので、まずはその関係づくりのために、事務所に座っているのではなく、民間会社の営業マンのつもりで少しでも法律にかかわる相談を受けるために、積極的に出かけていって話を聞くなど夢中で動き回った。司法試験合格者という資格を与えられればその後のことはおのれ一人で考えるべきであろう。そのように苦労させることも法曹として鍛える機会であると考えればよいのではないか。

司法試験合格者数を対症療法的にその時その時に机上で考えられる必要な数に制限していると、合格率は下がり司法試験に挑戦しようと考える者が減り人材を逃してしまう。その結果、三〇～四〇年前に戻ってしまうのではないか（現にそのような傾向が出ていて法科大学院への受験者数が減少している）、また、法曹が減少し、再び増加させたい時に一朝にして法曹養成はできないのであるから困るのではないか。しかも、司法試験合格者の就職先まで考えて合格者数を考えることは甘やかしすぎではないか、と私には思えてならない。合格者数を制限するよりも増加させることで合格率を上げ、司法試験に挑戦しようとする気運を高めることこそがこれからの司法の人的基盤の拡大に欠かせないのではないか。

私は、将来の司法のあり方を心配している。最高裁判所、法務省は裁判官、検察官の増員の必要性は考えていないのであろうか。次項でも述べるが、地方裁判所の支部では裁判部の構成が充実していない。人的、物的にも不足している。裁判官、検察官は仕事が過重でも不満をいわないから当局は現状に甘んじているのではあるまいか。

また、「我妻臨調」以来、法曹の一元化が望ましいことは、法曹界では一致していると思われる。そのためには弁護士数を増やし、その基盤を培養していく長期ビジョンがあってしかるべきではないか。経済界などの外圧がないと抜本的改革を考えない、司法官僚のあり方が今問われているのではないか。

本書執筆中の平成二四年二月現在、司法官僚だけでなく、平成二四年度の日本弁護士連合会会長選挙の候補者三人全員が就職難を理由に司法試験の合格者数を減少させる意見である（前記朝日新聞「社説」は、日本弁護士連合会の会長選挙が第一回選挙で決まらず上位二人の決戦になった時のものであり、本書執筆中はその選挙の最中である）。選挙当選を第一に考えると、このような意見になるのかもしれない。在野のトップになろうとする者の考えがこれでよいのであろうか。

司法試験合格者がすべて弁護士になるのではないであろう。裁判官、検察官の増員については考察したのであろうか。在野から司法官僚に働きかけなければ司法の人的、物的拡大は期待できない。それは司法の国民に対する役割が減退し、国民にとってもマイナスであり、不幸なことである。私はこのことを声を大にして強調したい。

四　司法の基盤拡大必要の緊急事例

司法の人的、物的基盤の必要性、それも緊急を要する問題として以下の点がある。

すでに述べていることで恐縮であるが、神奈川県相模原市は「政令指定市」である。しかるに、同市にある横浜地方裁判所相模原支部には「合議部」がない。これは、同市の市民にとっては裁判を受ける権利が制限されているといえ、市民にとっては不満であろう。同支部に「合議部」を設置するためには、庁舎の増設、裁判官の増員など人的、物的基盤整備が必要である。このようなことは将来どこでも起きる現象と思われる。そのためにも法曹人口の問題は「佐藤改革審」の提言どおり実行していくべきである（本書執筆中に日弁連委員会ニュース「裁判官制度・地域司法計画推進本部ニュース二〇一二・二」の「第九回首都圏弁護士会支部サミットを終えて」の記事が目にとまった。横浜地方裁判所相模原支部の問題以上に、千葉県市川市、船橋市、浦安市では、千葉家庭裁判所市川出張所が昭和四一年に誕生したが、その後同出張所管内の人口が約一二五万人に増加し、事件が増えているにもかかわらず、いまだ地家裁支部が設置されていないことなどの問題があることを知った。そのほかにもいろいろ問題があるが同ニュースを参照されたい）。

「我妻臨調」の提言後二〇数年もの間、司法試験合格者数を据え置いたことによる弊害を繰り返すべきではない。司法基盤の整備はその必要性が緊急を要することになってからでは遅い。法曹人口もその時に机上で考えた需要に合わせて、その分だけ法曹人口を確保すればよいとの、対症療法的解決では、未来への可能性に満ちた社会を築くことはとうていおぼつかない。「我妻臨調」後の歴史から当局は何を学んだのか全く疑問である。

（格言・名言）

とにかく考えてみることである。工夫してみることである。やってみることである。失敗すればやり直せばよい。

松下幸之助

第一五章　法曹養成――神奈川大学法科大学院教授の経験から

一　法科大学院の設置理由

「佐藤改革審」の答申により法曹養成制度の改革がなされ、新たな法曹養成制度として「司法試験という点のみによる選抜ではなく、法学教育、司法試験、司法修習を有機的に連携させたプロセスとしての法曹養成制度を新たに整備すべきであり、その中核を成すものとして法曹養成に特化した教育を行う法科大学院の設置」が提言された。そして、平成一六年より、法科大学院が開講すべきことが明記された。

二　法科大学院の概要

1　目的と理念

「佐藤改革審」の意見書では、法科大学院の目的を「司法が二一世紀のわが国社会において期待される役割を十全に果たすための人的基盤を確立することを目的とし、司法試験、司法修習と連携した基幹的な高度専門教育機関」とし、法科大学院の教育理念としては、「法科大学院における法曹養成教育の在り方は、理論的教育と実務的教育を架橋するものとして、公平性、開放性、多様性を旨」としつつ、①「法の支配」の直接の担い手であり、「国民の社会生活上の医師」としての役割を期待される法曹に共通して必要とされる専門的資質・能力の習得と、かけがえのない人生を生きる人々の喜びや悲しみに対して深く共感しうる豊かな人間性の涵養、向上を図る、②専門的な法知識を確実に習得させるとともに、それを批判的に検討し、また発展させていく創造的な思考力、あるいは事実に即して具体的な法的問題を解決していくため必要な法的分析能力や法的議論の能力等を育成する、③先端的な法領域について基本的な理解を得させ、また、社会に生起するさまざまな問題に対して広い関心をもたせ、人間や社会のあり方に関する思索や実際的な見聞、体験を基礎として、法曹としての責任感や倫理観が涵養されるよう努めるとともに、実際に社会に貢献を行うための機会を提供しうるものとする、と誠にもっともな理念が掲げられた。

2　法科大学院制度の要点の概要

法科大学院では法理論教育を中心としつつ、実務教育の導入部分をもあわせて実施することとし、実務との架橋を強く意識した教育を行うこととした。教育方法は、少人数教育を基本とし、双方向的・多方向的で密度の濃いものとすべきこととされ、実務家も教員として参加することになった。実務家教員の比率は、カリキュラムの内容や新司法試験実施後の司法修習との役割分担などを考慮して、適正な基準を定めるべきである、との提言に基づいている。

3　神奈川大学法科大学院の例

(1)　筆者の担当科目等

前記「法曹養成制度の改革」により全国七四の大学が法科大学院を設置することになり、私は、平成一六年四月に神奈川大学法科大学院の教授に就任することになった。

しかし、民事実務を担当することには自信はあったが、民法演習では勉強していない部分があることと、普段仕事や、勉強会などで取組み、慣れていると思っていた分野でも、双方向の授業では、学生からどんな質問をされるかわからないので、それに備えてのできるだけ多くの文献に目を通しておく事前準備に苦労した。しかも、私は民法のほか、商法・民事訴訟法関係の演習、倒産三法（会社更生法、民事再生法、破産法）の講義も担当し、当時会社法や倒産関係の法律は改正されたばかりであったので、やはり準備に苦労した。

私が、法科大学院の教授に就任したのは、法曹として活躍できる上り坂である四〇～五〇歳代ではなく、もはや下り坂にさしかかり六五歳を過ぎていた。したがって経験は豊富であるからどんな質問にでも対応してみせるとの気力はあったが、記憶力の減退には苦しみ、事前準備をしても一週間も経つと忘れてしまうところもあり、授業の前日に文献等を読み返さなければならなかった。しかも担当した科目の数が多かったことから、いくら準備をしても時間が足りなかった。

しかし、さすがに三〇年余も実務に携わってきた「民事実務」は、頭にしっかり叩き込まれていたことから、講義などは楽しく、自信をもって学生に対応することができた。

なお、私の担当科目は次のとおりである。

・民事法演習Ⅰ（総則、物権）民法学者とペア
・民事法演習Ⅴ（商法との複合）商法学者とペア
・民事法演習Ⅵ（民事訴訟法との複合）民事訴訟法学者とペア
・民事法総合演習Ⅰ（民事全般の事例演習）学者四人と実務家一人
・民事法総合演習Ⅱ（同Ⅰに同じ）同
・民事実務（講義）
・ＡＤＲ（裁判外紛争処理）特講
・倒産法（講義）
・リーガル・クリニック（実例の事案の法律相談後学生と議論）

(2) 授業内容・教育方法

民事法演習の講義は、研究者教員と実務家教員が交互に主任として、当日の研究テーマについて概略説明し、その途中随時学生から質問を受けて教員が回答することで進められた。

あるいは、主任教授が講義している途中でも副主任の教授が補充して説明し、全体的に議論が活発になるよう心がけた。

民事総合演習は長文の演習問題を出して答案を書かせ、次回に評価論評をしながら学生と議論した。

(3) リーガル・クリニック

リーガル・クリニックの授業において理想どおりのことが実現できた例を紹介しよう。

相談内容は以下のとおりである。神奈川大学法科大学院の近隣、歩いても二～三分のところに相談者Xが住んでいた。相談内容は相隣関係事件であり、Xが土地建物を所有しており、隣接の土地はXの近所で不動産業などを営んでいたYが競売により落札し、そこへ自宅を新築しているところであった。Yはその境界線に沿ってコンクリート造の高さ約二メートルの外壁をつくっている途中であった。ところが、XとYとの土地の境界が明らかでなく、Yはその考えている境界線に沿って外壁工事を進め、それを強行しようとしていた。そうするとXの建物の一部（車庫と洗濯物干し場の一部）が、Y土地との境界を越えるのでその部分を撤去する必要がある。

この件は、前記私が「土地境界確定訴訟」で長い間苦しみ、その間に研究し学んだ「公図」について論文を執筆した知識が参考になった。古い絵地図、近隣の土地の現場の状況から判断すると、Y主張の境界線が正しいように考えられる。学生の意見も同様であった。そうすると、Yと争っても不利な見通しであるとすれば、和解をするのが得策であると考えた。Yの事務所は、近所にあったことから、学生を伴いYには法律の実地勉強である旨を伝え、学生の傍聴を認めてもらったうえで和解の話し合いをした。

和解内容の概要は、土地の境界についてはYの主張を認め、Xの建物の境界線よりYの土地側にはみ出している部分については、Yの外壁工事に影響する部分（車庫のところ）はYの費用で撤去することとし、その他の部分（物干し場）はXが将来建物を増改築する時に撤去すること、Xは車庫が狭くなることのほか建物内の模様替えが必要になること、Yとしては土地境界のほかすべての問題が早期に解決するメリットがあることを総合勘案して、YはXに対して金一五〇万円を支払うという内容である。和解条項（案）は学生に起案させ、私が添削した。

学生がリーガル・クリニックで一つの事件を最初から最後まで関与できたことは幸いであった。そして、前述のように、私は土地境界事件で苦労し、「公図」については調査・研究し自信があったことから、学生にもこの点について丁寧に説明することができたこと、事件の内容が緊急性を有し、訴訟で解決するのに「工事禁止」の仮処分くらいは必要であった事件を和解により速やかに解決できたこと、XもYも現場も神奈川大学法科大学院の近くにあったこと、という三拍子そろった事件であり、事件の解決が当事者双方の利益になった点において理想的な授業となった。

この事件に立ち会った学生は今後、「和解の話し合いの際の弁護士の話し方、態度表情すべてを目の前で観察することができ、相手方との話し合いには全人格的なものが要求されること」を和解事件の際には思い出してくれるであろうことを期待している。

4　任期を終えて

法科大学院制度全体の感想については、「〈座談会〉法科大学院の現在――理論と実務の架橋をめぐって」（神奈川法学四〇巻一号（平成一九年）で詳しく述べているので参照していただきたい。

私の法科大学院における任期三年間は草創期であり、前記「教育理念」の達成と「学生の司法試験合格」の二兎を追わなければならなかった。新司法試験については、第一回の試験が実施されるまではどこの法科大学院でも手さぐりの状態であったと思う。したがって、任期を終えて振り返った際には、一所懸命に取り組んだわりには達成感は少なかったことを告白せざるを得ない。

しかし、子供のような年齢の学生と必死に事前準備をして議論を重ね、時には、授業を終えた後いっしょに飲み食いして法律論、人生論を語り合ったことは双方にとって貴重な経験であった。「佐藤改革審」の提言にある「法科大学院」の教育理念のいく分かは実現できたと考えているが、新司法試験の合格者数を考えると自責の念を禁じ得ない。

5　新司法試験合否判定案

これは前述したところでもあり、余談となるかもしれないが、どこの法科大学院でも「佐藤改革審」の提言する理念に従って教育にあたっているものと考えられる。したがって「新司法試験」の受験者は、旧司法試験の受験者よりレベルの高い専門的教育を受けて相応の実力も付けていると考えてよい。すなわち「新司法試験」においては、医師国家試験のように短答式試験程度で合否を判定しても質の低下は来さないと考えられることから、できるだけ資格試験に近づけるようにして合格率を上げないと旧司法試験時代と同様な状態に戻ってしまい、司法界へ進もうとする人材を逃してしまうように思われる。

法科大学院の設置を機会に、受験者は理論と実務を勉強していて質は向上しているのであるから、司法試験の合否の判定は右に述べた短答式試験程度で行うなどひと工夫をし、合格者数を増やして、司法の人的基盤の拡大につなげることはできないものであろうか（司法試験予備試験合格者の質の向上の問題はあるが、旧司法試験で、大学入学資格検定を経て、司法試験に合格した人の中には成績優秀者が多いと見聞きしている。司法試験予備試験合格者もこれと同様に推測してあまり心配はいらないと思っている）。

三　私の事務所での法曹養成の経過

旧司法試験時代は、合格者は司法研修所で二年間の研修を受けた。その二年間のうち四カ月は弁護士事務所での弁護実務修習となる。

私の事務所では昭和五〇年から平成一一年までの二四年間に合計一三名の司法修習生を受け入れた（男性九名、女性四名）。そのうち三名が裁判官になり、一〇名は弁護士になった。また、これまでに、私の事務所に勤務してくれた弁護士は合計八名であり、大体二～三年で独立し開業している。

私の事務所は幸いにしてさまざまな種類の事件が持ち込まれ司法修習生には教えやすかった。珍しいのは、銀行を退職後、弁護士になるため司法研修所に入り弁護実務修習のために私の事務所に配属になったK氏（当時七〇歳）である。K氏については、前述したところであるが、我妻栄先生の「近代法における債権の優越的地位」に関する講義を受けて感銘を受け、司法試験合格後これからは「債権」の時代に入るとの思いから銀行に就職した経歴をもっていた。当時私より年長であったが、年齢のハンディを感じさせない元気さと賢明さに私のほうが教えられることも多かった。

第一六章　国民の弁護士の選択、弁護士報酬問題

一　国民の弁護士へのアクセス

私は弁護士登録以来、「法律の大衆化」を掲げ、法律は法律家だけが知り、理解するだけでは足りず、一般民衆にも理解され、広まり、親しまれるようにすることが必要であり、そうすることは弁護士の義務であると考えていた。そこで、どのようにしたらそれを実現できるかについて絶えず考え弁護士業務に取り組んできた。

「法律の大衆化」には、まず、一般市民が法律に関する問題が生じたときに気軽に弁護士に相談できる雰囲気づくりが必要である。ホームロイヤーとして気軽に相談できる体制ができればそれが理想であろう。他の弁護士の理解も得なければならないことからすぐにそういった方向に進むことは困難であろうが、少しずつ雰囲気を醸成していくほかない。

私は、一般市民が法曹と最初に接触するのは弁護士であるから、弁護士が法律相談を受けるときには、親しみを感じてもらえるように心がけた。事件を依頼するとしたらこの弁護士にお願いしたいと思われるように、特に自治体の無料法律相談の際にはこのことを配慮するようにした。一般市民は初めて相談した弁護士をみて弁護士全体を判断しかねないので、特

に相談を担当した弁護士の印象は大切である（東京都の法律相談を担当した弁護士が相談内容に対する回答を誤り訴えられたとの情報も当時あった）。

また、弁護士が「国民の社会生活上の医師」としての役割を果たすためには、市民からの電話相談にも気軽に応えるべきであろう。電話相談については誤解が生じる可能性や、お金にならないからとの理由で対応しない弁護士もいるようであるが、私はむしろ一つの事例の勉強になるとの気持ちで気軽に応じている。電話での回答では誤解を招くような事案で、細かく説明する必要性がある場合には、事務所にきていただくようにしている。

市民が弁護士への敷居を感じなくなり、気軽に相談できるように市民の意識を変えるためには、弁護士一人ひとりの心がまえが大切であり、誰かがやってくれるであろうと思っていたのでは、弁護士へのアクセスは何も改善されない。私の理想はホームロイヤーの実現であったが現状はそれに程遠い。すべての弁護士が常日頃これらのことに心がけるべきである。

二　市民の依頼弁護士の選択

平成一二年九月までは、弁護士が広告を出すことについて原則禁止されていた。ところが、市民の立場からは事件を依頼するにも、どこに、どの分野を専門とする弁護士がいるのかわからないとの不便があり、同年一〇月から広告は原則自由化された。

また、ＩＴ社会になってから、インターネット上にホームページを開設し、法律事務所の概要を紹介しているところも多い（私も平成一〇年にホームページを開設した）。地下鉄の車両内にも法律事務所の広告をみかけ、また、ラジオでも法律事務所のコマーシャルを聞くことがある時代になった。

以前はクチコミによる紹介によるほかなかったが、現在では弁護士・法律事務所の広告、宣伝媒体が多くなってきている。一般市民にとって弁護士を探すことが便利になってきているが、だからといって自分の考えに沿う弁護士に出会えるとは限らない。

「信頼できる弁護士」探しはどうすればよいか。私は「信頼できる弁護士」の基準として、①弁護士である前に人間（常識人）であること、②依頼したい事件を専門としていること（どの弁護士でも扱う、離婚、相続、借地借家、金銭貸借、不動産関係などの事件については専門性というよりは熱意が感じられる弁護士）、③直感的にフィーリングが合う、の三条件がそろえば問題ないのではないかと思う。倒産事件、医療過誤、建築関係などの事件は専門性を重視することがよいであろう。

また、私自身は、依頼者、一般市民からの信頼を高めるために、①事務所を留守にしていたときに電話をいただいた方にはその日のうちに必ず電話をする、②事務所を留守にする場合は必ず連絡をとれるようにしておく、③その日のうちに処理すべきことは処理し翌日に延ばさない、④受任した事件は速やかに着手してその旨を依頼者に報告する、⑤受任事件については進行状況を絶えず報告しておく、ことを信条としている。

三　弁護士報酬

弁護士報酬も弁護士に事件を依頼するときの大きな障害となっている要素であると思う。平成一六年三月までは日本弁護士連合会の統一基準に従っていた。しかし、それでは「独占禁止法」上問題があるとして同年から自由化されたのである。現在では、各法律事務所に弁護士報酬基準の作成が任されているが、おおむね次の旧基準に準拠している事務所が多いのではあるまいか。

経済的利益の額	着手金	報酬金
三〇〇万円以下の部分	八%	一六%
三〇〇万円を超え、三〇〇〇万円以下の部分	五%	一〇%
三〇〇〇万円を超え、三億円以下の部分	三%	六%
三億円を超える部分	二%	四%

それでも、弁護士報酬はわかりにくいと思われても仕方がない面がある。その原因は、弁護士が関与して解決する事件の依頼者が受ける「経済的利益」の算定の困難さにある。損害賠償請求とか金銭貸借事件はその算定は容易であるが、離婚、倒産、遺産分割などの事件は、

その「経済的利益」の算定が困難である（これらの事件、その他の事件ついても、旧日本弁護士連合会の弁護士報酬等基準規程には細かく規定されていて多くの弁護士事務所ではこれを参考としていると思われ、私も同様である）。

私は「経済的利益」の算定困難な事件は、着手金を小額にして、成功報酬を決める際に話し合って調整していた。私は、弁護士報酬自体は、あまり高額な請求をしなかったので、依頼者から不満が出たことはなかったのは幸いであった。予防法学として何社かの顧問会社からの報酬で事務所の経費をまかなえるようにしていくことが理想であろう。

顧問弁護士の報酬については、中小企業では一カ月一万円～一〇万円前後の間で、会社の規模、相談回数などの諸事情を鑑みて、両者の話し合いにより自然に決まっているように思う。会社経営者は、弁護士の顧問料を保険をかけておくくらいの考えで、気軽に電話で法律相談ができるようにしておくことは、時間の節約にもなり経営上のメリットもあるのではないか。

前述（87頁）のように、現在では弁護士の報酬については規制がなくなり、依頼者は弁護士と自由に話し合いによって決められる。依頼者は遠慮せず自分の希望金額を伝え話し合い、意見が一致しないときは他の弁護士に依頼すればよいのである。

第一七章　弁護士の公益的活動（外部委員）の心がまえ

一　私の外部委員の活動経過

私の略年譜は本書巻末の掲載のとおりであり、弁護士の公益活動として以下の外部委員を担ってきた。すでに述べているものもあるが、行政関係のものとして①横浜市情報研究会員、②横浜市情報公開審査会委員、③神奈川県公害対策審査会委員、④神奈川県建設工事紛争審査会委員、⑤神奈川県住宅供給公社家賃審議会委員、⑥年金記録確認神奈川地方第三者委員会委員があり、司法関係のものとしては、⑦横浜地方・簡易裁判所調停委員、⑧横浜地方裁判所借地借家法等の鑑定委員、⑨横浜簡易裁判所司法委員などがある。これらは、主に横浜弁護士会からの推薦によるものであったり、あるいは横浜弁護士会での私の活動をみて就任を要請されたものである。

公益活動は「横浜弁護士会会則」に「弁護士道」として規定されているが（九条の二）、この規定がなくとも、「弁護士の使命である基本的人権の擁護と社会正義の実現を達成するため」当然積極的に参加すべきものであると考えている。特に外部委員としての業務は、弁護士報酬の絡まない純粋に弁護士としての意見を述べることができる点でやりがいもあった。

これらは個人としてではなく、委員会等の機関を通して国民に接するものであるから、国民の目線でこれらの機関はどうあるべきかを考え、その業務に精励することによって、弁護士道を実践することになる。

現在も継続して担当しているものもあるが、その活動について簡単に述べておきたい。

二　横浜市情報研究会委員

昭和五〇年代後半から行政の保有する公文書を公開すべきであるとの世論が高まった。これに対する積極的姿勢は地方自治体が先行し、昭和五八年四月に神奈川県が先鞭をつけ、「神奈川県の機関の公文書の公開に関する条例」が施行された（平成一二年に「神奈川県情報公開条例」に名称が変更されている）。

公文書の情報公開に関しては、横浜弁護士会公害対策委員会でも調査、研究をしており、その成果は昭和五八年に、「神奈川県情報公開条例の解説」としてまとめて公表した。

横浜市もこの種条例の制定に向けて動き出し、それに先立って昭和五七年に「横浜市情報公開研究会」を設置し、学者、弁護士ほか各業界の関係者が委員となり、情報公開条例制定の提言を行った。横浜市も、世情を鑑み条例を制定すべきであることに異論はなかった。

三　神奈川県建設工事紛争審査会委員

この審査会は、前述したADR機関の一つであり、しかも、歴史がある。昭和三一年の建設業法の改正によって、国土交通省には「中央建設工事紛争審査会」が、各都道府県には各建設工事紛争審査会が設けられ、建設工事の紛争事件の斡旋、調停、仲裁を行っている。両者に上下関係はなく、中央の審査会では大臣の許可を受けた建設業者の建設工事紛争を、各都道府県の審査会では、知事の許可を受けた建設業者の建設工事紛争をそれぞれ取り扱っている。

私は、平成三年に「神奈川県建設工事紛争審査会」の委員になり、その後一〇年間その委員（最後の四年間は会長）を務めた。

この審査会は、規則も組織も非常に整っており、委員は弁護士と一級建築士で構成され、弁護士一五名、一級建築士（土木関係も含む）二〇名の合計三五名（それぞれ特別委員を含む）である。

個別の事案には、弁護士一名、一級建築士二名の三人体制でのぞむことになる。弁護士委員が進行係を務め、一級建築士委員は、鑑定人の役割を担っていると考えることができる。仲裁事案が多く、この仲裁事案は一審制（仲裁合意があると一方が訴訟を起こしても相手方から「仲裁合意」の抗弁が出ると訴えは却下されてしまう）であるので、非常に気を使って判断をしてきた。

私は建設工事紛争事件については、訴訟をやるよりも仲裁のほうが早く、審査にあたっては現場の検証も行われることから、信頼性を高く評価していた。今後、弁護士が建設工事紛争事件の依頼を受けたときにはその紛争解決機関として、建設工事紛争審査会への「仲裁」の申立てもすすめたい。ただ、「仲裁」においては「仲裁合意」がなければならず、その認定が重要になるので、建設工事請負契約において、その旨を明記するか否かが重要である。仲裁を申し立てた場合、それが明確でない場合は、「仲裁合意書」を作成するなどして確認することも多い。ＡＤＲ機関の中では、「建設工事紛争審査会」は最も歴史があり、実績も残している。信頼性、使いやすさからみて、多くの弁護士にもっと活用を促したい。

四　横浜市情報公開審査会委員

この審査会は、前述のとおり横浜市でも「公文書公開条例」ができ、それに基づいて情報公開の申請をしたにもかかわらず拒否された者が、不服申立てを行った事案について審査する機関である。

私の任期（平成一〇年～一二年）中の委員は、学者二人、弁護士二人の四人で構成されていた。

審査は、まず行政側から公開拒否の理由を聴取し、次に申立人からも意見を聞いたうえで、条例に規定されている「拒否理由」に該当するか否かを判断する。

結論は、委員の全員一致を求められていたが、私が委員をしていた間は、意見が分かれた事例はなかったように記憶している。

国民の「知る権利」を保障する重要な審査機関であるから、私は、中立、公正を心がけ全力を尽くした。

五　神奈川県公害対策審議会委員

すでに述べたところであるが、公害国会が開かれた昭和四五年より前から、わが国の公害は激化の一途をたどっていた。各自治体ではその対策に苦慮しており、神奈川県でも各界の意見を聞いて対策を立てるための審議会を設置した。私も委員となったが、抽象的な意見を述べるにとどまらざるを得なかった。

六　神奈川県住宅供給公社賃貸住宅家賃審議会委員

国の住宅政策は、国民の所得階層を念頭に、低所得者層には公営住宅を、中所得者層には各県に設置した住宅供給公社による賃貸住宅を、それ以上の所得者層には住宅公団の賃貸住宅といったように垣根が設けられていた。

住宅供給公社の賃貸住宅（以下、「公社賃貸住宅」という）は、住宅金融公庫の融資によって建設されていたので、賃料はその構成要素によって厳格に定められていた。賃料は、三年に一回見直され県知事の許可を得ることが必要となっていたが、神奈川県住宅供給公社（以下、「県住宅公社」という）では、約一万戸弱の賃貸住宅を所有しており、賃料見直しの際に、賃借人全員の同意を得ることは事務的に不可能であったことから、県住宅公社は、鑑定士、学者、弁護士、神奈川県住宅管理課長、有識者のほか、県公社と賃借人代表で構成した「家賃審議会」を設置して、その答申を県知事に提出することで、許可を受けていた。

私は、同審議会の会長に毎回選任されていた。利害が対立する建物賃貸借の両当事者が参加していたことから、審議会をまとめるのは苦労が多かった。一回の審議会の期間は約一〇カ月程度であったが、途中で賃借人代表委員の納得が得られず審議がストップしてしまい、私が同代表委員と個別に話し合い、説得せざるを得ないこともあった。私が会長として取り仕切った八回の審議会は、最終的には、すべてまとまり、役割を果たすことができた。

現在は、住宅政策に所得階層別の垣根がないのと同様、公営住宅も公社住宅も賃料は「近傍同種」になったので、大手不動産鑑定会社の鑑定結果を参考として処理されるようになり、「家賃審議会」は役割を終え、現在では、その存在はない。

七　年金記録確認神奈川地方第三者委員会委員

1　第三者委員会の設置

年金問題は、ご承知の方も多いと思うが、平成一八年に「失われた年金記録五〇〇〇万件」との新聞報道により社会問題となり、「年金」に対する国民の信頼は著しく損なわれた。政府としては、国民の年金に対する信頼回復を「最重要課題」として取り組まなければならない事態になった。

その一環として政府（厚生労働省）は、国民の年金記録を回復することを目的として、国民に「年金定期便」を送付した。これは、「国民年金」と「厚生年金」の保険料の支払い状況を確認するために、当時の社会保険庁の記録の記載を国民一人ひとりに送付し、それに異議のある人は第三者委員会に「斡旋」の申立てができるものとした。

この第三者委員会として、総務省に「年金記録確認中央第三者委員会」が設置され、各都道府県には「年金記録確認地方第三者委員会」が設置された。中央第三者委員会は、「斡旋」制度の基準づくりを行い、各都道府県の第三者委員会の判断にばらつきが出ない（差が出ない）ように配慮する機関であり、いわゆる「上部」機関ではない。したがって、各地方の第三者委員会の判断が最終判断となる。

この第三者委員会の所管は「総務省」にある。したがって、総務省（総務大臣）の判断を、厚生労働省（厚生労働大臣）が尊重することについて「閣議了解」がなされており、年金記録について総務省の「斡旋」がなされた場合は、「社会保険庁」における国民の年金記録は、斡旋どおりに訂正されることになる。

この制度は一種のＡＤＲ（裁判外紛争処理方法または代替的紛争処理方法）と考えられ、私は巧妙で迅速処理に親しむ大変時宜にかなった制度であると評価している。

国民が「年金定期便」により、社会保険庁における年金記録上、一定の期間年金保険料を支払っていないことになっていることが判明し、かつ実際には、支払いを怠っていないのであれば、その記録を訂正する必要が生じる。この場合、前記第三者委員会がない場合には、国を相手に訴訟を提起するしかない。しかし、国民年金制度ができたのは昭和三六年四月からであり、その頃に年金保険料を支払った事実を証明することは「領収書などの証拠が散失」していて著しく困難である。

中央第三者委員会は、申立人の年金保険料の支払いの有無を判断するにあたって調査を行い、その結果「年金を支払ったと解することが著しく不合理でないと判断できれば」支払ったと認めてもよいとの一般的、抽象的基準を定めている。各地方の第三者委員会は、その基準に従って判断することになる。疑わしきは申立人の利益（有利）にと解してもよいであろうか。

2　年金記録確認神奈川地方第三者委員会委員への就任

ところで、私が前記第三者委員会に関与することになったのは、平成二〇年六月頃、横浜弁護士会からこの第三者委員会委員就任の打診があったことによる。私は、その頃法科大学院の仕事に集中していたので、弁護士本来の業務は取り扱わないようにしていた。そのため依頼事件は少なく、時間に余裕があったことから、弁護士会からの要請を受けることにした。中央第三者委員会のことは新聞報道である程度知っていたものの、地方の第三者委員会に関与することになるとは全く予想もしていなかったので、「年金記録確認神奈川地方第三者委員会」が何をするのか知らなかった。

同委員会委員の辞令交付は、平成二〇年七月初めであった。その前に、総務省の神奈川行政評価事務所の次長が私の事務所へ来訪され、その時に初めて同委員会の業務内容の概略を知り、同時に、同委員会の委員長は弁護士委員が担当することを聞いた。

私は、委員長への就任を内諾したうえで、年金の問題についてはそれまで関係したことがなかったことから、委員会が開催されるまでに予備知識を得ておく必要を感じ、前記次長に、厚さ五～六センチにもなる年金関係の資料を送ってもらい、問題の概略を頭に叩き込んだ。このように未知の分野について、一応の理解を得ておくことは、すでに述べた「再建型倒産事件」の処理を通して経験してきたことから苦にはならなかった。

3　第三者委員会の活動

いよいよ平成二〇年七月から「年金記録確認神奈川地方第三者委員会」が開催された。当初は申立て件数が少なかったため、一〇名の委員（構成は、弁護士、税理士、社会保険労務士、行政で年金問題に関与したOB）でスタートした。

審議は、事案ごとに、あらかじめ社会保険労務士を中心とする事務局における担当者によって調査されまとめられたものを、その担当者が委員会で説明することから始まる。委員は、担当者に質問したり、委員同士で議論して、「斡旋」とするか「非斡旋」とするかを決定する。その後、斡旋文なり非斡旋文を作成し、各都道府県における第三者委員会の結論と統一を図るため、中央第三者委員会へ送り調整することになる。斡旋または非斡旋が確定したものは、総務省から厚生労働省へ送られ、厚生労働大臣の名の下に、各都道府県の第三者委員会で作成した内容（斡旋文・非斡旋文）が、申立人に送られる。

第三者委員会が開始された頃は申立て件数は少なかったが、その後少しずつ増加していった。平成二二年頃までは、神奈川県は人口が多いこともあって、東京に次いで事件数が増えていったので、それに伴って第三者委員会委員と事務局の調査員を増員した。第三者委員会委員は、最も人数が多い時で五六名となり、これを四人構成の一四部会（国民年金五部会、厚生年金九部会）とした。事務局は、各部会に約一〇名を配置したことから、最も多い時には約一五〇名（総務担当を含む）の大所帯となった。

総務省の第三者委員会に関する規則によれば、申立て事案に対しては、各部会で最終結論を出すことができるようになっていた（そうでないと迅速に処理できない）。したがって、事案処理は申立て後一年くらいを目安とし、しかも、年金をすでに受け取っている人（年金受給者）の事案を優先的に処理した。

これらの事情のため第三者委員会の開催は毎週一回、一年間では多い年で五〇回を超えた。年金は国民の生活に直結し、国民の生活に影響を与えるところ大である。第三者委員会の全国委員長会議には、総務大臣が出席して「年金問題は政府の最重要課題になっている」と挨拶され激励されたものである。委員全員がそのことを理解していたので不平、不満はなく毎週一回の部会では、一〇件前後の事案を審議し結論を出した。申立人の中には直接部会に出頭して意見を述べたいと希望する者もおり、熱心に申立人の意見に耳を傾け、それらを参考として結論を出したこともある。

四年という期間で、全国で約二二万件余の申立てを人海戦術で処理できたことは、国民の年金記録の信頼性に大いに役に立ったのではないかと思い、委員全員の尽力に感謝している。

このような状況が平成二三年まで続いたが、同年の終わり頃から申立て件数は減少してきた。委員の人数も、調査員の人数も減少させる必要が生じ、委員には任期満了に伴って退任いただく（当然であるが、事件数が増加している時は再任をお願いしてきた）ことで縮小が図られた。一方調査員は、任期で採用になっているものの、昨今の雇用傾向が影響し、その後の仕事の見通しが立たない者についてはなかなか納得を得られず、苦労しているようである（平成二三年一二月現在）。

4　第三者委員会の今後の方向性

申立て件数が減少していることを踏まえ、総務省と厚生労働省との話し合いにより、総務省が現在所管している第三者委員会を廃止し、厚生労働省が申立人の記録の不備の有無を判断する案が提案されていることを、私は年金記録確認第三者委員会委員長の全国会議で聞いた。その時そのことを初めて知ったのであるが、私は、年金問題は申立人の生活に直結する重要なことであり、申立人は総務省という第三者が判断したことであるからその結論に納得していることを、現場の申立人の意見聴取などを通じて感じている。これを厚生労働省が担当することになると、当事者同士のやりとりとなり、申立人はミスを犯した厚生労働省の判断は受け入れがたいと感じるのではないか、また、同省が判断すると公正らしさに欠けることがある、と思われ、反対の意見を主張している。

したがって、もし、一元化によって申立人による申立て内容について、厚生労働省が判断したほうが経費節減つながり、そうせざるを得ないほどに申立て件数が減少してきたときには、総務省の第三者委員会への申立てについてはあらかじめ期限を設けて、その期間内に申し立てるよう国民に知らせたうえで、第三者委員会を廃止する等の配慮が必要であると提言している。

八　司法関係の委員として――調停委員、司法委員、鑑定委員

1　調停委員

調停委員には、民事調停委員と家事調停委員とがあるが、私は民事関係を希望し、平成二年から横浜地方裁判所、簡易裁判所の調停委員を担当したが、ほとんどが横浜簡易裁判所の事件であった。

調停は、民事も家事も調停主任裁判官と調停委員二人の三人で調停委員会を構成し行うことになっている。調停主任裁判官は多くの事件を担当することから、一つの事件に最初から最後まで立ち会うことは不可能であり、通常は調停の成立、不成立という最後に立ち会うことになっている。

私はこの慣行については賛成ではなかったが、裁判所の人事行政上やむを得ないと思い慣例に従った（司法改革上調停制度充実を期するためには、調停に際して最初から最後まで調停主任裁判官も同席すべきであり、横浜地方裁判所の調停では一時そのように対応したこともある。裁判所は調停を軽視しているのではないことを国民に知ってもらうためにも、改善が望まれるところ

である。そのための裁判官の増員も必要であろう）。

したがって、現在の調停は、調停委員の二人が当事者から事情を聞き、「条理」に従って、当事者の譲歩に期待して調整し、最後の段階で調停主任裁判官も同席して同裁判官が当事者にまとまった内容を確認することで調停を成立させている。

調停のやり方としては、両当事者が同席のままで進行するか、一方当事者に一時退席してもらったうえで、もう一方の当事者を説得するという、二つの方法があるが、事案の内容を勘案しながら各方法を組み合わせて進行させることが多いのではなかろうか。私の経験では調停委員会で一つの調停案を提示して説得する方法がまとまる割合が高いように思っている。調停委員は苦労することになるが、弁護士の調停委員の場合は、日頃他の事件を通して訓練しているから、調停委員会の案をつくることはそれほど苦にはならないのではあるまいか。

私は調停事件を扱うことは好きであり、常時四〜五件は抱えていたように記憶しているが、横浜地方裁判所の調停事件は、すでに主張整理や書証などの証拠調べをしている事件が多く、記録も厚くなっていることから、これを一件担当するのは大変であった。

横浜地方裁判所の調停事件は、調停主任裁判官が立ち会うほうが成立率が高まるように思う。事件記録は常時裁判所にあることから、裁判官は、必要な時にいつでも読むことができる。調停委員の場合も同様であるが、裁判所と事務所が離れていると、思い立ってもそれを実行しにくく、きめ細かく対応することができないことがあるからである。

また、横浜地方裁判所では、調停にまわす事件数が少ないように思う。各裁判官の判断によるものであるが、調停の達成率をみるためにも事件数が多くならないと調停にまわす効果がみえてこない。また、建物、土地などの紛争は、現場をみることで理解が深まることもあり、調停による解決に適しているように思う（現在は民事調停官が調停に関与しているが、それについての調停の経験は私にはないので、以上述べたことは民事調停官制度ができる以前の状況として理解していただきたい）。

2　司法委員

司法委員は簡易裁判所において、一般市民の良識を裁判に反映させるために、裁判官の裁量で和解の試みを補助したり、審理に立ち会って意見を裁判官に具申したりする。

横浜簡易裁判所での経験としては、一回の法廷で三人の司法委員が待機しており、その関与する割合は高いように思う。

司法委員には定年制がないことから七〇歳を過ぎても要望がある。私は、簡易裁判所は本人訴訟が多く、法律的にも困難な事件があり、そのような事件は勉強になることから、現在でも未知なる事件や法律解釈の困難な事件を期待して司法委員を引き受けている。

近年、和解による解決のほうがよいと思う事案で、司法委員として、それをすすめても頑として拒否する代理人に出会うことが多くなってきたように感じる。こういった代理人の肩書きをみると司法書士が多い（司法書士にも個人差があると思うので、このことは誤解のないように願いたい）。弁護士としての価値観からは理解できないのでかえって印象に残っている。こういった傾向は、なぜ出てくるのか今後意識して様子をみていきたいと思う。

また、多重債務事件など一回の法廷で結論を出す訴訟が多く、裁判官に加重な負担がかかっているように思うことも多い。司法改革の一環として簡易裁判所の裁判官の増員が必要なように思っている。

3 鑑定委員

ここにいう鑑定委員とは、不動産鑑定士のことではなく、正式名称を「借地借家法、罹災都市借地借家臨時処理法および接取不動産に関する借地借家臨時処理法の規定による鑑定委員」という。たとえば、借地非訟事件で土地の賃借人が借地権を譲渡したいと考えている場合には、賃貸人の同意が必要となる。しかし、賃貸人がそれに同意してくれない場合、賃貸人の同意に代わる許可を裁判所に申し立てることができる。裁判所では最初はそれに対して和解を試みるが、話合いが整わないときには、鑑定委員会の意見を聴取することができるのである。

鑑定委員会は、不動産鑑定士、弁護士、民間の有識者の三人で構成され、現場をみて裁判所からの諮問事項について意見書を提出する。

　この鑑定委員も定年がないことから七〇歳を過ぎても裁判所からの要請があれば何歳までも継続できる。私は、不動産事情の勉強になると思って現在も鑑定委員を拝命している。
　鑑定委員会は、必ず現場へ趣き、その帰りに喫茶店などで話し合いをして一応の結論を出し、後日不動産鑑定士委員の事務所で同委員が作成した素案に基づいて再度話し合い、裁判所へ提出する意見書の内容を確定する。三人で話合い、他の委員の意見を聞くことは参考になり、また、その話合い自体が楽しく感じられる。

（格言・名言）

すべての人を自分より偉いと思って仕事をすれば必ずうまくいくし、とてつもなく大きな仕事ができる。

松下幸之助

第一八章　弁護士会の改革

一　弁護士会の役員

各都道府県の弁護士会、日本弁護士連合会も同様であるが、弁護士会の運営は会長と何名かの副会長が担当している。私が横浜弁護士会に入会した頃は会長と副会長三名（現在は五名）であった。任期はいずれも一年で全員交代する。

会長も副会長も司法研修所を出た順序であることが多く、会長は大体弁護士登録後三四〜三五年、副会長は会長より一〇年くらい後の弁護士が選ばれる。会長は同期生から一名ということが多いが、複数の時期もある。副会長は同期生から複数名が選任されることもある。会長、副会長も無報酬であり、同期生の中でそれまでの弁護士業務ないし弁護士会の各種委員会での活動から自然と決まることが多く選挙になることは少ない。

二　弁護士会の改革

弁護士会の改革には、会長になることが手っ取り早いと考えられるが、私が、会長の適齢期になった頃、司法修習一八期の私の二〜三期後輩に会長の希望者が多く、しかも、その有力候補者は各期とも年齢が六〇歳前後と気力充実していた。彼らは、一年でも早く会長になることを希望していたので、会長は各期一人とし、それに同意できない場合には、選挙で決めることになった。

私は、すでに述べてきたところであるが、弁護士ないし弁護士会の役割に関し一定の見識をもち、それなりの委員会活動もしてきたことから、横浜弁護士会の会長として、市民、県民のための弁護士会づくりを実行したいとの思いをもっていた。ところが同時に、私よりも五～六歳年長の同期の弁護士も同じ思いをもっていた。選挙も覚悟したが、同期のある弁護士による仲裁により、私より年長の弁護士が先に会長をやることになった。私は、もともと争いは好まないタイプの人間であり（そのため最初は裁判官志望であった）、長幼のことも考え仲裁してくれた弁護士の意見を受け入れた。その後、私は諸般の事情により会長となる時期を逸してしまった。

会長となっても任期一年で必ず交代することになっていたので、誰がなっても大した改革はできないのであるが、やってみなければわからない面もある。私にとって会長職の経験ができなかったことは、法曹の役割をどのように果たすかについて、歩む道が変わってしまうこととなった。つまり、司法改革に携わる機会を逸してしまったのである。司法改革は一弁護士個人ではどうにもならず、弁護士会、あるいは、日本弁護士連合会という組織を背景に司法官僚に働きかけなければ実効性がない。このことは残念であるが、仕方のないことで、その後は、その時その時の私のおかれた立場で法曹の役割、すなわち「社会生活上の街の医師」として国民の期待に応えるには、どうしたらよいかを絶えず考えながら、少しでも弁護士としての責務を果たす努力を怠らないよう心がけ、今日に至っている。その後の横浜弁護士会の運営をみていると、会長になった方はそれなりに一生懸命励んでいるので、誰が会長になってもあまり変わらず安心している。しかし、日本弁護士連合会を背景に、最高裁判所、法務省と互角に交渉できる立場になれる人材が輩出されることを期待したい。

各種委員会の毎回の通知、報告をみていても、過去、事務職員が足りず、事務局は委員会には同席せず、委員長である私がその日の委員会報告と次回通知を書いて、欠席した委員にも配慮し出席率の向上に努めていたが、現在では、事務局の担当者がそれをすることが当たり前になっていることは大きく改善された点だと思っている。

現在の横浜弁護士会の改革で必要なことは、まず会員増加による会館のスペース不足の改善、会の財政改善問題、会名問題（横浜弁護士会は横浜市を管轄とする弁護士会と勘違いされやすいので、「神奈川県弁護士会」と会名変更すべきであるとの案があり、私は司法改革の点からもこの案に賛成であるが、自然人の名前と同様に「横浜弁護士会」の会名に愛着をもっている弁護士も多く、なかなか会名変更が実現しないでいる）、すでに述べた横浜地方裁判所相模原支部の合議部設置（これは司法改革の問題であるが、横浜弁護士会による最高裁判所への要請が欠かせないであろう）など、任期一年では実現できない問題があげられる。しかし、任期が一年であっても次期会長へ申し送りがなされ、根気強く継続すれば、これらの改善は早まるであろう。また、今後二年以上の任期を務める会長が出てきて、これらの諸問題を早く解決されることを期待したい。

三　会名変更問題

前項で述べた会名変更問題、すなわち、「横浜弁護士会」を「神奈川県弁護士会」に変更すべきか否かの件については、私は後者に変更したほうがよいと考えている。

その理由の第一として、昭和五五年に横浜弁護士会は一〇〇周年を迎え記念行事を実施した時のことであるが、当時私は副会長をしていたので、その記念行事のポスターをつくり、神奈川県の各自治体にそのポスターをできるだけ多くの場所に貼っていただけるようお願いしてまわった。ところが、横浜弁護士会は横浜市の弁護士会であると考えている自治体の方が多く、横浜弁護士会の要望に協力することは横浜市に協力するように思えたのか、快く協力してもらえなかった経験がある。「横浜弁護士会」のままでは「神奈川県全体」を管轄するものではないと誤解を受けるのは理解できる。今後、「横浜弁護士会」で何か行事をしても「神奈川県民」に与えるインパクトは弱い、というのは欠点である。これは司法改革の問題でもある。

第二には、神奈川県民に親しまれる、弁護士、弁護士会を標榜して、県民からどんな些細なことでも相談を受けようと配慮しても効果は薄いように感じられ、両者の垣根がなくならないように思える。

第三には、私の考えでは弁護士が「社会生活上の街の医師」としての役割を果たすためには、県民に弁護士、弁護士会を身近に感じてもらわなければならないのに、それに逆行するのではないか。

これからは、市民、県民本意の弁護士業務を行っていくべきであることを考えると、会名変更は避けることはできないのではないか。世界的には「神奈川県」よりも「横浜市」のほうが知られているかもしれない。しかし、神奈川県に弁護士事務所を有する弁護士としては、まず身近な神奈川県民の法的ニーズに応えることが優先するのではなかろうか。近い将来「会名変更」が実現することを期待したい。

（格言・名言）

智に働けば角が立つ、情に棹をさせば流される、意地を通せば窮屈だ。

夏目漱石「草枕」

第一九章　東日本大震災と弁護士

一　千年に一度の震災

平成二三年三月一一日、われわれ日本人は千年に一度の大震災を経験した。本書執筆中の平成二四年一月二三日現在の東日本大震災に係る死者は一万五八四五人、行方不明者三三八〇人を含め合計一万九二二五人の方が犠牲となっている。幸いに生存された方でも、被災地外に移住された方は七万二一〇〇人に達し、被災地を離れて避難されておられる方、いまだに仮設住宅暮らしを余儀なくされておられる方の不便、不自由な生活状況も報道されている。被災地の復旧のめどは立たず、ましてや復興への始まりがいつになるかもわからない、被災者の不安がいかばかりか察して余りある。われわれ弁護士はこのようなときどうすればよいのか、特に前期高齢者の域に達している私は、被災者の救済に無力であることを嘆くばかりであり、もう少し若ければ直接行動することができたと思うだけで被災者の方には誠に申し訳ないと思っている。

主よ、東日本大震災の犠牲者一人ひとりに聖霊による救いが与えられ、被災者の一人ひとりにも平安と慰めが与えられ、一日も早い復興により被災前と同じ、物質的、精神的にも幸せな生活に戻ることができますよう被災者一人ひとりを見捨てたもうなかれ。

二　弁護士の被災者救済

被災地外に移住された方、被災地で頑張っておられる方、それぞれにさまざまな法律問題を抱えておられよう。被災者を集団的に救済する弁護団の活動は若い弁護士に期待することとして、個々人の法律相談は私もできることから、いつでも電話をいただければ無料法律相談に対応したいと考えている。私の事務所のホームページをご覧になった方は直ちにお電話をいただきたい。

このような活動をすることが私の弁護士としての使命であると考えており、弁護士会の被災者向けの法律相談にも応募している。

自然災害については、タイ国の洪水被害も深刻である。日本の製造業者はタイの安い労働力を求めて工場を建設し、安くて、良い製品を世界に供給して、物質的に恵まれ、幸せな生活ができるように、人類の幸福に貢献している。しかし、タイ国の洪水は何カ月も水が引かず、製造工場は稼動できない状態であり、タイ国のみならず人類の幸せの障害になっていることは周知のとおりである。人間生活において予期しないことが世界各地で発生している。これは「法の支配」による平和の以前のことであるが、被害発生後の後始末においては、「法」による問題解決を必要とすることも発生するかもしれない。われわれ法曹は、外国において生起するすべてのことに無関心ではいられない。

三　東日本大震災の被害と犠牲

最後に、洗礼を受けてから約五〇年を経た信仰をもつ身として、このたびの「東日本大震災」の、日本人がこれまでに経験したことのない犠牲と被害についてひとこと述べることを許されたい。

私はこれまで述べてきたように、弁護士として「法の支配」による平和、人間の幸せの実現にどのようにして貢献できるか、弁護士が「社会生活における街の医師」としての役割を果たすことによって国民の幸せにいかにして貢献できるかを絶えず念頭において法曹生活を送ってきた。その人生の終わりに近くなった時に「東日本大震災」を経験した。私が今少し若ければ、真っ先に被害者救済のための弁護団を結成し、被害救済に尽力しているであろうことを思うと、現在では、思うように身体が動かないことに歯がゆい思いをしている。と同時にこのような大震災が起こると、一般的には「神などいるものか、神はどこにいるのかという問いが繰り返しなされ、神の存在に対して疑問が投げかけられる。しかし、人間を超越する存在としての神は存在し、私たちが神に問うのではなく、神が私たちに今回の大震災によって、過去の私たちの歩み、生活してきた状態を振り返り、今後はどのようにして生活していくべきか、どのような道を歩むべきかを、問いかけられたと考えるべきであろう。神は私たちを見捨てることはない。神に対して自信をもって応えることのできる方途を英知を結集して探し、それを示すべきである」と、私は考えている。このことは日本基督教教団救援対策本部編『現代日本の危機とキリスト教――東日本大震災緊急シンポジウム』（日本キリスト教団出版局・平成二四年）に示唆を与えられた。感謝したい。

（格言・名言）

最高の道徳とは、不断に他人への奉仕、人類への愛のために働くことである。

ガンジー「倫理的宗教」

終章　まとめに代えて――法の支配による平和（人間の幸せ）を求めて

一　法の支配の必要性

イェーリングの「法（権利）の目標は平和であり、そのための手段は闘争である」（権利のための闘争）の言葉は、法曹の中では知らない人はいないであろう。

日本では「法の支配」は行き渡っているから、この言葉の実感が湧かないかもしれない。しかし、現在の世界情勢を眺めてみると、アラブ諸国では、民主化を勝ち取ろうと民衆が蜂起し、中国では、共産党の一党支配により、言論・集会などの自由が侵害（制限）されたり、政治家や役人が汚職にまみれている。ロシアでは、プーチン氏の長期支配の弊害として官僚の腐敗が進み、同国の中産階級は不満を抱え、ミャンマーでは、軍人支配からの解放の実現が実るかの瀬戸際に立っている。北朝鮮は軍人優先の独裁国であり、イスラエルとパレスチナは、宗教の対立で紛争が絶えない。アメリカは深刻な不況により世界の警察官としての地位が低下し世界は混迷している。仮想敵国を想定して軍事力を増強する中国とアメリカ、いまだに原子力による軍事力を武器として周辺諸国を威嚇しているイラン、北朝鮮、金融不安により世界経済に影響をもたらしているEU諸国、このような現状ではどのようにみても近い将来に世界の平和が実現する見通しはない。

日本は、財政と社会保障一体改革の実現の問題を抱え、軍備は憲法上保持できないのであるから、それを補完する外交が求められているのに、独自性のない風見鶏的立場の外交を展開し続けている。また、平成二三年には千年に一度の大震災に見舞われ、政治家は、その処理が滞っているにもかかわらず復旧を宣言し、これからは復興に向けて歩もうと国民を鼓舞することに躍起になっている。さらに、国民は、年間GDPの倍の約一〇〇〇兆円の負債を背負い、国の存亡の危機におののいている。

このような情勢の中でわれわれ法曹はいかにあるべきか。私は人類の平和、幸せのためには、軍事力でそれを実現できないことは過去の歴史が物語っているところであり、粘り強く「法の支配」を世界の隅々に至るまで行き渡らせ「法の支配」による「世界の平和」を考えるほかないと考えている。

私の心酔する田中耕太郎先生（東京大学名誉教授（商法）、元最高裁判所長官、元国際司法裁判所判事）は、すでに、昭和六年に、この可能性とその確立に向けての努力の必要性を提唱している（『世界法の理論（全三巻）』（岩波書店・昭和六年～九年）。要約すると「法の世界をもっと注意深く考察しながら、その中には一般の観念とは違って、民族精神の形成に役立つ要素において、はなはだ少ないことを我々は発見する。法は民族意識を結集するためには微弱な一方法に過ぎない。然るに人種、言語、歴史、伝統、習俗、宗教、芸術などは民族精神涵養に役立つものをもっているが、純然たる合理的な法はこれをもっていない。私はあえて言う。自国愛の理由を自国法の独創性に求め、その結果として自国の法よりも優れている外国法を放擲して省みないことは時代錯誤にほかならない。世界法は往昔の、ローマの万民法の、現今の国際生活の需要に適合したものにほかならない。我々は、世界法が、宗教と結合した自然法の実定的実現ということができるであろう。チーテルマンの言う、次のことを我々は信じなければならない。相互に抗争する諸国民の上に、人類協同体という巨大で深淵な理念が支配しなければならない。この理念は次の敬虔な思想に従って広まっていき、実現されていくであろう。我らはすべて兄弟姉妹ならずや。かつ唯一なる神我等を造り給いしにあらずやと。正義の実現は一国民のみの関心事ではない。それは世界のすべての国民の福祉に密接に関係がある。それは宗教、芸術、科学、技術などと同様にすべての国民が協力し合わなければならず、また、協力が可能な文化の範囲に属するのである。日本の法学者もまた、将来において世界的法的協同体の確立と進歩への貢献を怠ってはならない」。この『世界法の理論』が公表されて七〇年近くになる。今日の世界情勢をみているとますます「世界法」の実現の可能性、あるいは、その必要性を期待するのは私だけではないであろう。

二　人間の幸せ、人類の幸せ

前項までは、法曹の一人、法律家の一人として努力を怠ってはならないと、私が思っている「夢」を語った。しかし、この「夢」を追って歩むだけでは法曹としての責任は果たせない。

これまで私は、過去を省みず前進あるのみであったが、国民に親しまれ、利用しやすい「司法」の実現に向けて、また、弁護士になってからは、「社会生活における街の医師」の役割を果たし国民の期待に応えるために、いかにあるべきかを絶えず念頭において必死に努力してきた経過を記して公表し、読者のご批判を乞い、また、本書の一部分でも共鳴することがあれば後輩の弁護士には参考にしてもらいたい、市民の読者の方には気軽に弁護士に相談する手助けとなるようにと思い、過去を振り返ってみた。私の過去の経験が誰かの参考になれば、法曹としてのいくばくかの責任を果たしたことになるのではないだろうかとの思いもある。

私は人間の生き方として、どの道、どんな職業についても最終目標は、人類の幸せにいかに貢献することにあるか、であると考えている。

すなわち、製造業者は物品をつくりそれを利用してもらうことによって、またそれを改良し使いやすいようにと絶えず努力することによって、利用者に生活の豊かさを感じてもらえる。衣、食、住に携わる者は、人間の本能をいかに満足させるかに力を込めるであろう。旅行業者は、いかに安く、価値のあるところへ旅ができるよう企画し、未知の世界を案内することで、旅の喜びを味わってもらうことで、感動を喚起することを目的にしているであろう。物品配達業者は、安く、早く配達することによってそれを待っている人の喜びに応えることになろう。医師は病気の予防・治療によって健康の有難さを実感してもらえる。

人間は、物質的には満足できなくとも、精神的な豊かさで幸せを感ずることができることを、ブータン国王夫妻の訪日で実感した人も多いであろう。われわれの労働は、最終的には人間の幸せにいかに貢献するかにあると、私は考えている。

それでは、われわれ法曹の仕事はいかにして市民の幸せに貢献しているか、私はどのようにしてそれを実現してきたか。この点は、①法曹である前に人間としての常識ある行動が大切であること（これは、「士」の付く業種全般についていえることではないかと思われるが、特に弁護士にあてはまるように思われる）、②市民に頼りがいのある、近づき安い、気軽に相談できるようにするために、市民の目線で相談に対応することが必要であること、③②を自信をもってできるようにするためには実力を付けることが必要であり一生自己研鑽が欠かせないこと、④弁護士は依頼事件によって勉強し、鍛えられるのであるから専門分野をもち良質の法律知識をもって事件処理することが大切であること、⑤弁護士会の運営にも参加し、積極的に委員会活動をして、弁護士会を通じてより広く弁護士が市民に身近にいることを感じてもらう必要性があることであり、すでに述べてきたところである。

三　提言——司法のさらなる発展をめざして

最後に「佐藤改革審」の答申後の司法改革について一言しておきたい。

「佐藤改革審」の答申では司法制度改革の三本柱として、①「国民の期待に応える司法制度」とするため、司法制度をより利用しやすく、わかりやすく、頼りがいのあるものとする、②「司法制度を支える法曹の在り方」を改革し、質量ともに豊かなプロフェッションとしての法曹を確保する、③「国民的基盤の確立」のために、国民が訴訟手続に参加する制度の導入などにより司法に対する国民の信頼を高める、改革を提言した。
③についてはこれらを意図した諸制度が実現し、それなりの改革が実行されていると思われる。②については本書の核心として私がいかにそれを意識して実践しようとしてきたかにあるので、読者には、私の意図する理解を得られたかと思われる。①の「裁判所の利便性の向上」（物的基盤の整備）としての「裁判所の配置」と、②の法曹人口論につき追加して、重複を承知で私の意見を述べたい。
「佐藤改革審」の答申では「裁判所の配置」について人口、交通事情、事件数などを考慮し、不断の見直しを加えていくべきである、と提言している。この「不断の見直し」がなされていれば、すでに述べている横浜地方裁判所相模原支部に会議部は設置されているであろ

うし、千葉家庭裁判所市川出張所は、千葉地方・家庭裁判所市川支部が誕生しているであろう。

法曹人口論における「司法の人的基盤」の整備の問題についても重複になるが重要なことなので、付言することを許されたい。

「佐藤改革審」の答申では「旧司法試験合格者数」を年々増加させ平成一六年には、合格者数一五〇〇人の達成を、平成二二年には三〇〇〇人の達成をめざし、平成三〇年には実働法曹人口を五万人規模に達するようになることを提言した。ところが、平成二三年度の司法試験（新旧を含む）の合格者数は二〇〇〇名余に制限された。それどころか本書執筆中の日本弁護士連合会会長選挙の候補者は、全員が一五〇〇名に減員することを公約としている。また、同連合会理事会では、「法曹人口政策に関する提言」として司法試験合格者数を一五〇〇人まで減員することが承認されたとのこと（日弁連ニュース一六号）である。その理由の中には、裁判官、検察官の増員の必要性には一切言及されていない。その理由は、司法試験の合格者数をこれ以上増やすと弁護士がしかるべき法律事務所へ就職できない状態にあるなど弁護士側の理由のみが掲げられている。裁判官や検察官の増員の問題もあるのにこれらのことを考えないでどうして法曹人口問題を論じることができるのであろうか。日本弁護士連合会は市民にこれ以上弁護士のニーズがないと判断しているようだ。しかし、私はこの考えに反対である。日本弁護士連合会では、「訴訟事件数」、「企業の組織内弁護士に対するニーズ」「地方自治体の弁護士の需要」などのアンケート結果などを参考にして平成二三年三月に「法曹人口政策に関する緊急提言」として「佐藤改革審」の法曹人口増加に関する提言に反対の声明を出していた。今回もこれが基本になっているのであろう。

私は日本弁護士連合会がこのような態度では、昭和三九年の「我妻臨調」が当時判断した「法曹人口が全体として相当不足していると認められるので、司法の運営の適正円滑と国民の法的生活の充実向上を図るため、質の低下を来さないよう留意しつつ、これが漸増を図ること」を求めたのにかかわらず、平成二年に至るまで、年間の司法試験の合格者数を五〇〇名に制限してきた結果、気がついた時には法曹人口が減少していて訴訟遅延を来し、企業や国民の生活の障害を招くに至った失われた三〇年と同じことを繰り返すのではないかと危惧する。

裁判官や検察官は、過酷な生活をしながら良い仕事はできないであろう。困難な事件の判決にあたっては、ある程度余裕のある時間がなければ妥当な判決は書けないと私は思う。事件記録を自宅に持ち帰って深夜まで仕事をしたり、あるいは、裁判所に残って遅くまで仕事をしたり、土曜日、日曜日も判決書きに追われたり、夏休みはほとんどの時間を判決書きにあてたり、という状態ではないのか。一人の裁判官が担当する事件数は何件が妥当なのか、裁判官の定員はどのように決められるのか、これらを踏まえるとまだまだ裁判官、検察官の増員が必要ではないか。

弁護士の仕事も訴訟事件だけでなく、予防法学的業務もありこの裾野は広いように思う。また、弁護士の肩書きをもっていても弁護士業務に携わるとは限らない。国民の法的ニーズは相談にくるのを待つのではなく掘り起こすことも必要であり、事件屋や、法律に少しばかり明るい人に相談するのではなく、気軽に弁護士に相談できる雰囲気をつくり上げていくためには、弁護士が増えて身近にいるということが必要ではないか。既得権的に訴訟事件にあわせて弁護士数を調整していたのでは弁護士の敷居が低くならないのではないか。諸外国の法曹の数の人口比率をみても「佐藤改革審」によると、法曹一人あたりの国民の数は、アメリカは二九〇人、イギリスは七一〇人、ドイツは七四〇人、フランスは一六四〇人、に対し日本は六三〇〇人（以上いずれも平成一一年現在）であり、日本と諸外国との格差は大きい。

私は、三権分立の中の一つの司法の分野に身をおくものとして、司法が国民の生活の役に立つと感じてもらえるようにするには、弁護士としてどのようにしたらよいかを絶えず考え、仕事が趣味のように働いてきた。弁護士登録当時は将来の生活はどうなるかと心配したこともある。しかし、まじめに国民のサイドに立って一所懸命働けば（その働き方は工夫が必要でひとことでは表せない面があるが）、おのずから道は開けるということを学んだ。

既得権を擁護するかのように司法試験合格者を制限するよりも、合格者を増やして合格率をあげることが司法に人材を集める方策ではないかと真剣に思っている。

「司法」の容量を人的にも、物的にも拡大する必要がある。司法の予算も現在は国の一般会計の〇・四パーセント前後で推移している（『弁護士白書二〇一一』）が、これを一パーセントくらいにまで戻さないと国民に司法の重要性をアピールできないのではあるまいか。これらのことを実現するためには在野法曹である弁護士、弁護士会が強力に発言しないと司法官僚は動かないことはこれまでの司法の歩みの経過から明らかであると考える。日本弁護士連合会は在野法曹として司法の人的、物的基盤の拡大に本気で取り組む気概があるのであろうか、危惧されるところである。

それでも私は法曹界に身をおく者として、「法の支配」による人類の平和、人間の幸せがくる日を「祈願」し、弁護士は「社会生活上の街の医師」たる責務があることを感じつつ、「司法の今後の拡大」を見守っていきたい。これから私に残された余生を「司法」に捧げることが使命であると思って生きながら……。

（格言・名言）

我が行く道に茨多し、されど生命の道は一つ、この外に道なしこの道を行く

武者小路実篤「人生の言葉」

あとがき

本書は、年齢とともに仕事のスピードも鈍り、頭の回転も悪くなって、思うように何ごとも進まなくなったことから、自分はこれまでフルスピードで一所懸命仕事に取り組んできたが、はたして国民に貢献できたのかと疑問になり、一度過去を振り返って整理してみようとの気持ちから執筆を始めた。書き終わってみると、私が一本筋を通して追求してきたのは、弁護士の仕事が市民に理解され、気軽に相談してみようと思ってもらうためにはどうしたらよいか、市民の悩みを解決し、幸せな気分を味わってもらうために弁護士（法曹）の日常業務はどうあるべきか、改善すべき部分があるとすれば、それは何をどのように改善すべきなのか、ということにあったが、読者にはこのことが私の考えているとおりに伝わったか、不安を禁じ得ない。

市民には法的な問題が生じたときには、ＡＤＲを利用したり裁判をすることで解決してもらいたいと考え、そのためにまず、気軽に弁護士に電話等で相談（ホームロイヤーとしての相談）してもらいたいと、私は思っているが、市民の中でそのように考えている方はまだまだ少ないのではないか。弁護士が市民に敷居を低く感じてもらう雰囲気づくりはまだまだ長く続く課題として残っていくようである。

司法は社会生活を先導するものではなく、地味な存在であるとは思うが、法治国家においては重要な役割を担っている。したがって、国民に対するその役割が行きつ戻りつ、いつまで経っても司法試験の合格者が二割を超えないような司法界では人材が集まらない。とにかく、人的・物的にも司法の容量が拡大され、国民に身近に感じられるようになって、その幸せに貢献し、そのパーセンテージが少しずつでも拡大していくことを切に期待し、念願している。本文においても述べているが、既得権を擁護するかのように司法試験合格者を制限するよりは、合格者を増やして合格率をあげることが司法に人材が集まる方策であると思う。「司法」の容量を人的にも、物的にも拡大し、司法の予算も拡大しないと、国民に「司法」の重要性をアピールできないのではあるまいか。

私には余命があまり残されていないが、弁護士の使命として「社会生活上の医師」たる責務を最大限に果たすべく、余生をそれに捧げたい。

ただ一つの願いは、本書で述べたことに一部でも共感する弁護士がおられ、私の思いを継続していただければ誠に幸いであり、それだけで本書の目的はかなったことになる。そのことを願い、神に祈願したい。

■著者略歴

鈴木繁次（すずき　しげじ）

〈略年譜〉

一九三八年二月　出生（福井県）
一九六一年三月　中央大学法学部法律学科卒業
一九六三年九月　司法試験第二次試験合格
一九六四年四月　司法修習生（第一八期）
一九六六年四月　判事補（一九七〇年三月まで）
一九六七年四月　秋田経済大学経営学部非常勤講師（民法担当）
一九七〇年四月　弁護士登録・横浜弁護士会入会
一九七六年六月　日本弁護士連合会公害対策委員会副委員長（一九八八年五月まで）
一九七八年四月　関東弁護士会連合会公害対策委員会委員長（一九八〇年三月まで）
　同年四月　横浜弁護士会公害対策委員会委員長（一九八〇年三月まで）
一九七八年四月　横浜弁護士会研修委員会委員長（一九八〇年三月まで）
一九八〇年四月　横浜弁護士会副会長（一九八一年三月まで）
　同年四月　神奈川県営住宅管理協議会副会長（一九八二年九月まで）
一九八一年四月　横浜地方裁判所不動産鑑定委員（現在に至る）
　同年四月　横浜弁護士会非弁取締委員会委員長（一九八五年三月まで）
一九八二年四月　横浜国立大学第二経営学部非常勤講師（民法担当）（一九八三年三月まで）

同年四月　関東十県弁護士連合会特別研修委員会副委員長（一九八四年八月まで）
同年四月　横浜市情報公開研究会委員（一九八四年三月まで）
一九八三年八月　横浜公害健康被害認定審査会副会長（一九八八年七月まで）
一九八七年四月　横浜弁護士会司法修習委員会副委員長（一九八八年三月まで）
一九八八年四月　神奈川県住宅供給公社賃貸住宅管理問題懇話会座長（一九八九年三月まで）
同年七月　横浜簡易裁判所司法委員（現在に至る）
一九八八年九月　横浜弁護士会業務対策委員会委員長（一九九二年八月まで）
一九八九年四月　神奈川大学法学部法律学科非常勤講師（裁判法担当）（一九九三年三月まで）
同年四月　神奈川県住宅供給公社賃貸住宅第五次家賃審議会会長（一九八九年一二月まで）
一九九〇年四月　横浜地方裁判所調停委員（二〇〇五年三月まで）
一九九二年五月　神奈川県住宅供給公社賃貸住宅第六次家賃審議会会長（一九九二年一一月まで）
同年九月　関東十県弁護士連合会特別研修委員会副委員長（一九九四年八月まで）
一九九七年五月　司法試験考査委員（民法）（一九九九年一二月まで）
一九九八年四月　横浜市情報公開審査会委員（二〇〇〇年三月まで）
一九九九年四月　神奈川県建設工事紛争審査会会長（二〇〇二年三月まで）
二〇〇三年三月　神奈川県住宅供給公社賃貸住宅第七次家賃審議会会長（二〇〇三年一二月まで）
二〇〇四年四月　神奈川大学大学院法務研究科教授（二〇〇七年三月まで）
二〇〇六年四月　神奈川県住宅供給公社賃貸住宅第八次家賃審議会会長（二〇〇六年一〇月まで）
二〇〇七年六月　年金記録確認神奈川地方第三者委員会委員長（総務省）（現在に至る）

〈著書論文等〉

・共著

一九八四年　『表見代理の判例と実務』（金融財政事情研究会）

一九九一年　『鞭打ち損傷と損害賠償』（民事法研究会）

一九九四年　『差止訴訟の法理と実務』（第一法規出版）

・論文

一九七三年　「弁護士費用の賠償」関東十県弁護士研修教材

一九七四年　「川崎公害調査報告書」横浜弁護士会

一九七七年　「公害健康被害補償法はこれでよいか」日本弁護士連合会公害対策委員会

一九七七年　「公害健康被害補償法実施の現状と問題点」ジュリスト六四七号

一九七八年　「公図に関する若干の考察」横浜弁護士会論集創刊号

一九七八年　「環境アセスメントの制度的研究」横浜弁護士会公害対策委員会

一九七九年　「下水道と環境保全」関東弁護士会連合会公害対策委員会

一九七九年　「下水道はこれでよいか」横浜弁護士会

一九八〇年　「瑕疵ある登記申請に基づく登記の効力」横浜弁護士会論集第二号

一九八二年　「短期賃貸借の濫用に関する一考察」横浜弁護士会論集第三号

一九八三年　「神奈川県情報公開条例の解説」横浜弁護士会

一九八九年　「会社更生が破産に移行する場合の実務上の諸問題（一）」債権管理二七号

一九九〇年　「会社更生が破産に移行する場合の実務上の諸問題（二）」債権管理二九号

著者略歴

一九九〇年　「期待される弁護士像」横浜弁護士会業務対策委員会
二〇〇七年　「民事法演習授業の一つのやり方（判例を使用した場合を中心として）」神奈川法学四〇巻第一号

本書の印税は、全額東日本大震災の義援金として寄付させていただきます。

鈴 木 繁 次

弁護士道の実践
—法の支配による平和・人の幸せを求めて—

平成24年5月27日　第1刷発行

定価　本体952円（税別）

著　　者　鈴 木 繁 次

発　　行　株式会社　民事法研究会

印　　刷　株式会社　太平印刷社

発 行 所　株式会社　民事法研究会

〒150-0013　東京都渋谷区恵比寿 3-7-16

〔営業〕TEL 03(5798)7257　FAX 03(5798)7258

〔編集〕TEL 03(5798)7277　FAX 03(5798)7278

http://www.minjiho.com/　info@minjiho.com

落丁・乱丁はおとりかえします。　ISBN978-4-89628-785-1 C2032 ¥952E

カバーデザイン　鈴木　弘